2022年度河北省社会科学发展研究课题"社会情感[服务体系]的逻辑结构与实践路径"（20220202192）阶段性成果

# 社会心态与社会心理服务

王 晶◎著

燕山大学出版社

·秦皇岛·

图书在版编目（CIP）数据

社会心态与社会心理服务 / 王晶著. —秦皇岛：燕山大学出版社，2022.10

ISBN 978-7-5761-0120-1

Ⅰ. ①社… Ⅱ. ①王… Ⅲ. ①社会心理学－研究②社会心理学－心理咨询－咨询服务 Ⅳ. ①C912.6-0

中国版本图书馆 CIP 数据核字（2022）第 160156 号

# 社会心态与社会心理服务
王　晶　著

| | | | |
|---|---|---|---|
| 出 版 人：陈　玉 | | | |
| 责任编辑：孙志强 | | 策 划 人：孙志强 | |
| 责任印制：吴　波 | | 封面设计：刘馨泽 | |
| 出版发行：燕山大学出版社 YANSHAN UNIVERSITY PRESS | | 地　　址：河北省秦皇岛市河北大街西段 438 号 | |
| 邮政编码：066004 | | 电　　话：0335-8387555 | |
| 印　　刷：英格拉姆印刷(固安)有限公司 | | 经　　销：全国新华书店 | |
| 尺　　寸：170mm×240mm　16 开 | | 印　　张：12.25 | |
| 版　　次：2022 年 10 月第 1 版 | | 印　　次：2022 年 10 月第 1 次印刷 | |
| 书　　号：ISBN 978-7-5761-0120-1 | | 字　　数：184 千字 | |
| 定　　价：48.00 元 | | | |

**版权所有　侵权必究**

如发生印刷、装订质量问题，读者可与出版社联系调换

联系电话：0335-8387718

# 前　　言

社会心态作为社会发展的"晴雨表",既是一种普遍性的共同的心理状态,也是浸染着生存论意义上的某种价值秩序。认识社会心态,也就是认识人自身。我国的经济和社会各领域正经历着广泛而深层的变革,及时把握社会心态及其变化特点,建设理性平和、积极向上的社会心态,增强社会自我调节能力,是和谐社会建设中的应有之义。

良好社会心态的培育需要依赖社会治理才能实现,有效的社会治理离不开对于当时社会心态的了解和理解。社会心态研究和实践是将心理学与我国社会现实紧密结合以促进基层社会治理的新举措。从"人治"到"法治"再到"心治"这个发展过程表现出了我国社会转型时期心理学研究和应用的新范式。

本书以社会心态研究为基础,紧贴当前正在普遍开展的社会心理服务体系建设,从社会心态培育、社区心理建设、危机干预和应对等方面提供了具体的解决方案,并在实践方面提供了具体做法,探讨实现有效的社会治理现实路径。

本书主要包括三部分内容:

第一部分为社会心态研究的进程。主要包含社会心态辨析及其操作化、社会心态的含义和测量、社会心态的培育、转型时代的社会心态与社会心理学研究、社会心态形成的心理机制及效应、社会情绪等。

第二部分为社会心理服务体系建设。主要包含社会治理心理学概述、社会心理服务体系建设的建设路径、社区心理建设等。

第三部分为社会心态在社会心理服务中的应用。主要包含重大应急事件中典型人群的心理应对、危机干预常用心理方法等。

  本书能够顺利完成，首先要特别感谢燕山大学出版社孙志强编辑。在多次沟通中，为书稿提供了许多建设性的建议，感谢您扎实严谨的工作态度，为本书的顺利出版保驾护航。

  还要感谢我的学生们，他们是：丁敏、李子怡、任志霞、郭梦瑶、韩月、陶冬梅、杨冰宇、程欣熠、王梓萌、张世磊、黄玄、朱圣岩、蒋慧荣、李泽帅。在某一个时间段，与你们共度，很美好。

王　晶

2022 年 9 月于河北秦皇岛

# 目 录

## 第一部分 社会心态

### 第一章 社会心态概念辨析及其操作化 … 3
第一节 关于社会心态含义的理解 … 3
第二节 从社会心理学角度看社会心态的含义 … 7
第三节 社会心态的测量——概念的操作化 … 12

### 第二章 社会心态培育 … 17
第一节 社会心态的内涵与现状 … 17
第二节 社会心态的培育策略 … 27

### 第三章 转型时代的社会心态与社会心理研究 … 41
第一节 社会转型与社会心态研究 … 41
第二节 社会心态在西方的演变过程 … 44
第三节 社会转型的社会心态研究范式 … 49

### 第四章 影响社会心态形成的主要心理机制及效应 … 57
第一节 个体与他人的共享现实性 … 57
第二节 个体与社会相互的动力建构 … 59
第三节 个体心理与行为之间的向上与向下模型 … 60
第四节 核心机制与效应 … 65

# 第二部分　社会心理服务

## 第五章　社会情绪 …… 71
### 第一节　社会心态研究中的社会情绪 …… 71
### 第二节　社会情绪的概念 …… 73
### 第三节　社会情绪的构成 …… 74
### 第四节　社会情绪的动力性 …… 79

## 第六章　社会治理心理学概述 …… 84
### 第一节　社会治理及其理论基础 …… 84
### 第二节　将心理学融入社会治理 …… 100

## 第七章　社会心理服务体系建设 …… 111
### 第一节　社会心理服务体系建设的定位 …… 111
### 第二节　社会心理建设的历史演进 …… 117
### 第三节　社会心理建设的路径 …… 121

## 第八章　社区心理建设 …… 124
### 第一节　社区心理建设的背景与内容 …… 124
### 第二节　社区心理建设的方案 …… 133

# 第三部分　社会心态在社会心理服务中的应用

## 第九章　重大应急事件中典型人群的心理应对 …… 149
### 第一节　医护人员的心理创伤特点及应对措施 …… 149
### 第二节　警察、军人的心理创伤特点及应对措施 …… 154
### 第三节　社会工作者等相关职业群体的心理创伤特点及应对措施 …… 160

## 第十章　危机干预常用心理方法 …… 165
### 第一节　存在主义疗法：寻找意义 …… 165
### 第二节　叙事疗法：重新叙述 …… 167

第三节　故事疗法：疗愈的力量 …………………………………… 170
第四节　眼动脱敏与再加工疗法 …………………………………… 172
第五节　正念法 ……………………………………………………… 176
第六节　电影疗法 …………………………………………………… 178
第七节　普通人的自我疗愈 ………………………………………… 179

**参考文献** ……………………………………………………………… 182

# 第一部分
# 社会心态

# 第一章　社会心态概念辨析及其操作化

## 第一节　关于社会心态含义的理解

"社会心态"一词，是近几十年在我国学术界使用频率非常高的一个概念。据我国学者杨宜音的检索统计，仅从1994年到2006年5月，中国知网以"社会心态"为关键词检索到的相关论文就有4198篇之多（杨宜音，2006）。社会心态问题之所以引起人们的广泛关注，最直接的原因就是我国近几十年的社会改革导致了整个社会心态的剧烈变动，社会心态的变化状况已经成为影响经济社会运行的一个重要因素，是一个值得引起高度关注的现实问题。然而，在众多的研究中，除少数论著以外，大多数的作者都缺少对这一概念进行学理上的缜密分析，更多的是跳过概念的讨论，而径直地描述各种所谓的社会心态现象或探讨其调控措施。因此，目前关于社会心态的理解基本上既缺乏明确的内涵界定，又缺少相对稳定的外延限制。笔者认为，要想深刻地揭示社会心态的本质，准确地把握我国当前的社会心态状况或特征，必须要解决的一个问题就是从与社会心态研究的相关学科的角度出发，廓清社会心态概念的内涵，界定清楚什么是社会心态，否则许多研究很可能是事倍功半，不仅抓不住当前社会心态的本质特征，而且还会产生一些理论和概念上的混乱。基于这一考虑，本章试图从社会心理学的角度，特别是通过与"社会心理"这一相近概念的比较分析，来界定社会心态的含义，并对社会心态测量的大致范围作出初步的界定。

目前，我国社会科学界在社会心态问题的研究中，有的是在约定俗成的意义上使用社会心态这一术语；有的是在不同的学科意义上使用这一概念；

还有的则是根据自己对社会心态的主观理解（在很多情况下人们把社会心态看成一个不需要论证的日常用语）来使用这一概念。这导致的一个结果就是，社会心态概念在被广泛接受的同时，其含义却极为含混不清。总体上来看，在见诸我国报纸、杂志的文章当中，社会心态这一概念主要是在以下几种意义上使用的。

第一，非学术概念意义上的社会心态。在许多讨论社会心态问题的文章中，"社会心态"的含义基本上指的是"民心""民意""人心"等。

在这种情况下使用的社会心态概念，其修辞意义远远大于学术意义。特别是在涉及人们对诸如贪污腐败、执法犯法、为富不仁等社会现象的评价时所涉及的"社会心态"概念，许多就属于这一类含义。在这种情况下，对社会心态一词，可以灵活地使用其他相似或相近的术语来替换。

此类使用方法多见于一些报刊上的时评、宣传或其他非学术性的随笔文章，在一些学术期刊中也不乏这样使用该概念的理论文章。在这种意义上使用社会心态的概念时，作者对它的理解大多是随着前后文语境的变化而变化的，对其内涵的解释往往有着很大的灵活性和随意性，基本上没有相对明确的内涵界定。

第二，在哲学或社会哲学意义上使用的社会心态。我们知道，在历史唯物主义的传统中，对于"社会心理"这一概念有着专门的解释。在历史唯物主义的理论体系中，社会心理是在社会结构的意义上提出来的。

社会心理的基本含义就是低级层次的社会意识。尼·布哈林（1983）认为："在人们的精神交往范围内，存在着大量的这样没有系统化的要素：……所有这些现象在其社会规模上也被称为社会心理。社会心理（或称'集体'心理或'社会上'的心理）和意识形态的区别，正如我们看到的，在于系统化的程度。"普列汉诺夫（1962）的经典论述更是为人们所熟悉，普列汉诺夫在阐述马克思主义的经济基础与上层建筑的关系时指出，在"基础"与上层建筑（各种思想体系）之间有一个结构层次被称为"社会中的人的心理"。这个"社会中的人的心理"也就是属于历史唯物主义范畴的社会心理。按照历史唯物主义的观点，社会心理是一种低水平的社会意识，是一种不系统的、不定型的、自发的反应形式。

高层次的社会意识形式是以社会心理为基础的，离不开社会心理但又高于社会心理（李秀林等，1983：269-271）。

在社会哲学意义上使用社会心态概念的作者，虽然也试图讨论经验范围内的社会心态现象，但往往是直接把"社会心态"等同于历史唯物主义的"社会心理"概念。例如，张二芳（1996）在界定社会心态时说："社会心态是指社会心理和社会意识形式相互渗透、有机结合而成的结构状态，是以整体面目存在和流行于社会成员之中、内化为社会主体的精神结构的心智状态。"在这个定义中，社会心态和社会心理似乎是两个有区别的概念，但是在接下来的解释中我们看到作者所说的社会心态分明就是普列汉诺夫理论中的"社会心理"："它（社会心态）是社会存在和社会意识的精神中介，任何社会存在只有通过社会心态才能上升为社会意识，也就是说任何社会意识都是直接地来源于社会心态，社会心态在社会存在和社会意识之间架起了一座精神桥梁。"（张二芳，1996）还有的文章则在前后文中不加说明地将"社会心态"与历史唯物主义的"社会心理"两个概念进行相互置换。如李静等（2003）在讨论社会心态的基本功能时，就直接引用了普列汉诺夫关于社会心理研究的重要性的论断作为其理论依据。总之，从社会哲学角度所理解的社会心态，基本上等同于历史唯物主义理论体系中的社会心理范畴。

第三，基于现实经验意义上的社会心态概念。这一社会心态概念的使用类型，多是对不同社会心态表现形式的直接描述，它涉及当前社会中各类社会群体、不同社会阶层对于各种社会现象的不同认识、感受和评价等。此类研究在社会心态研究的文献中占了绝大多数。它们所讨论的各种社会心态都是在现实社会中通过经验可以把握的人们的情绪、情感及行为反应等。从社会心态研究兴起的社会背景来看，从这个角度讨论的"社会心态"正是关于社会心态研究的核心或主题。因此，可以说在经验层面上所把握的社会心态现象是界定社会心态含义的现实前提，但遗憾的是，这类研究的兴趣多在于对现实社会心态现象的描述或分析，而对于社会心态概念严格的理论辨析则十分少见。另外，这类研究的一个倾向就是在没有严格限定社会心态的内涵和外延的讨论中，往往把诸多与社会心态无关或者关联度不大的现象也归到了社会心态的研究范围，这就使得社会心态的内涵有杂乱无章之嫌。更进一步地,则是将社会心态的研究引向了非学术性的议论或随笔①。

由此可见,厘清社会心态这一概念的含义,在相对统一的语境中讨论社会心态问题,是将社会心态研究引向深入的关键。那么,对于社会心态这一概念的含义我们应该怎样来把握或理解呢?或者说,应该怎样给出一个关于社会心态概念的恰当定义呢?在我国学术界近些年关于社会心态定义的讨论中,理论分析最深入、学科依据最充分的观点是由杨宜音提出来的。她在"群体与个体"的分析框架下提出的社会心态定义,对于我们全面理解社会心态的含义具有重要的启发意义②。杨宜音将社会心态理解为由表及里的三个心理层次:社会情绪基调、社会共识和社会价值取向。从社会心态的本质来看,这三个层次是构成社会心态最基本,也是最核心的内容。因此,通过这三个层次来界定社会心态概念,应该说是抓住了问题的关键。另外,这样一种从经验科学出发的角度对社会心态概念下定义具有十分重要的意义,它使得对于社会心态概念的操作化成为可能。与其他的一些关于社会心态的定义相比,这一定义不仅使社会心态概念的内涵更加明确,而且在概念定义的逻辑学要求上也达到了近乎完美的水平。

然而笔者认为,在杨宜音关于社会心态概念的界定和解释中仍然存在着两点不足。其一,关于社会心态存在/产生的社会条件在其定义中仅仅是一种一般化的社会背景,没有强调作为社会心态而不是社会心理所存在或产生的社会条件的特殊性。因为,我们认为恰恰是由于产生"社会心态"的社会条件的特殊性,才使研究者选择了"社会心态"这一术语,而不是"社会心

---

① 在中国知网所收录的文章当中,有相当一部分属于这类作品。
② 杨宜音的定义如下:社会心态是一段时间内弥散在整个社会或社会群体/类别中的宏观社会心境状态,是整个社会的情绪基调、社会共识和社会价值观的总和。社会心态通过整个社会的流行、时尚、论和社会成员的社会生活感受、对未来的信心、社会动机、社会情绪等而得以表现;它与主流意识形态相互作用,通过社会认同、情绪感染等机制,对于社会行为者形成模糊的、潜在的和情绪性的影响。它来自社会个体心态的同质性,却不等同于个体心态的简单加总,而是新生成的、具有本身特质和功能的心理现象,反映了个人与社会之间相互建构而形成的最为宏观的心理关系。(参见杨宜音《个体与宏观社会的心理关系:社会心态概念的界定》,《社会学研究》2006年第4期)

理"。在心态史学的研究中这一特征最为明显，因为研究者所考察的往往是那些与特殊的社会历史事件相联系的社会心态。

其二，对于社会心态和社会心理两个概念之间的差别、异同缺少充分的辨析。虽然杨宜音（2006）也提到了在社会心理学上"社会心理"概念含义的多样性，但是并没有由此出发进一步讨论两个概念之间的区别。而且她认为"采用社会心理、社会心态、时代精神、社会心智等概念指涉的都是同一个内涵"。这样，在她的叙述逻辑中就可以将社会心态和社会心理看成基本相同的概念了。然而，如果我们承认两者之间可以没有区别地被互换使用（即使不是在所有的条件下）的话，已经被如此广泛使用的社会心态概念存在的必要性就要受到怀疑。因此，我们有必要从社会心理学的角度，特别是在社会心态与社会心理两个概念的比较和辨析中，进一步明确社会心态概念的含义。

## 第二节　从社会心理学角度看社会心态的含义

要对社会心态的含义作出科学的界定，首先应该确定关于社会心态研究的学科归属。从理论上说，对于社会心态的研究当然可以有多种不同的学科角度，但是，就目前关于社会心态问题研究的现实内容和范围来看，与社会心态研究最接近的学科还是社会心理学。因为从本质上看，社会心态概念属于宏观层面的社会心理范畴，它应该属于社会学的社会心理学传统研究的重要内容；另外，当前学术界所讨论的社会心态现象多属于经验层面的社会事实，因此，社会心态理应成为以经验现象作为研究对象的社会心理学的研究内容。所以，将社会心态研究纳入社会心理学的学科范围是顺理成章的。然而，一旦从社会心理学的角度来审视社会心态问题，马上就面临一个如何理解社会心理与社会心态两个概念之间的关系问题。它们是同一个概念的两种不同表述还是有区别的两个不同概念？如果它们是同一个概念的不同表述，一切关于"社会心态"的讨论似乎就失去了必要性，而应该使用更具有学科传统的"社会心理"概念；如果它们是有区别的两个不同概念，就应该把它们的区别阐述清楚。

就目前学术界对社会心态和社会心理两个术语的使用情况来看,把它们看成同一个概念的有之,把它们看成有区别的两个概念的也有之。前者除了在前文中讨论到的把社会心态等同于历史唯物主义意义上的社会心理的观点,还有通过其他表述方式将二者相等同的情况,如"社会心态也就是社会心理状态或心理态势的简称。社会心态是指人们在社会生活中由经济关系、政治制度以及整个社会环境的发展变化而引起的直接的、在社会群体中较为普遍存在的、具有一定的共同性的社会心理反应或心理态势"(丁水木,1996)。后者则强调了社会心理和社会心态在理性层面上的差异:"社会心理是人们对社会结构和社会运行状态较为直接的主观反映。社会心态则属于较感性的层面,它处于经常不断的变化之中,其内涵表现了对现实生活的更及时、更动态的再现。"(沈杰,2003)那么,二者之间到底是一种什么关系呢?要搞清楚这个问题,我们还要从社会心理学的研究传统说起。

众所周知,在社会心理学的研究中一直存在着两大学术传统,即心理学的社会心理学和社会学的社会心理学。前者是以群体(社会)中的个体心理为研究重点,后者是以在个体基础上结合而成的社会或群体心理为研究重点。以北美社会心理学为代表的主流社会心理学就属于心理学的社会心理学。这一传统的社会心理学研究的是个体如何接受他人和社会的影响以及对他人和社会的影响如何作出反应。正如美国著名的社会心理学家弗里德曼(1984)所说:"社会心理学是系统研究社会行为的科学,它涉及我们如何认识他人,如何对别人作出反应和别人如何对我们作出反应,以及我们是怎样受所在社会环境影响的。社会心理学研究的是人与人之间相互作用的所有领域,包括与社会现象直接相关的各种行为。"很明显,在这一研究传统中,实际上是没有作为超越个体的以社会整体为分析单位的"社会心理"的,这一传统的社会心理学其实可以看作无"社会心理"的社会心理学。因此,在这个传统的社会心理学中既不可能把社会心态作为自己的研究对象,也无法找到一个与社会心态相对应的概念。也可以说,社会心态不是这一社会心理学传统的学术概念。也许正是由于这个原因,几乎在所有的社会心理学、社会学、心理学等学科的工具书中都没有收入社会心态(social mentality)这一词条。如果说一定要在这里寻找到"社会心理"的话，那就是这一传统的社会心理学所研究的在个体层面上的社会心理或个体的社会心理。然而，无论个体层面上还是个体的社会心理，其实仍然是受社会条件影响的个体心理。例如，在社会心理学研究中的社会知觉、社会态度、社会动机、自我意识等，都属于个体层面的社会心理内容，它们与作为整体的或超越个体的"社会心理"有着根本的不同。

既然在心理学的社会心理学中没有关于（整体的或社会的）社会心理或社会心态的研究，那么是不是这个传统的社会心理学就无助于社会心态概念的分析了呢？答案当然是否定的。因为尽管社会心态是宏观的、超越个体的心理现象，但它毕竟是与个体心理相联系的，或者说是基于个体心理的。所以，从这个社会心理学传统中仍然能够为社会心态的研究提供重要的分析路径。对此，杨宜音（2006）已经有过深入的阐述。

在这里要强调的是"社会心理"这一概念的含义之一，即与具有整体属性的社会心态有着根本区别的个体层面上的社会心理。很显然，"社会心态"无法等同于这个层面上的"社会心理"；社会心理学的另一个传统，即社会学的社会心理学肇始于19世纪中后期德国的民族心理学和法国的群众心理学，由拉扎鲁斯、施坦达尔、冯特、塔尔德、勒庞（G. Le Bon，1841—1931）等学者所形成的社会心理学传统，始终使社会心理学具有"社会"的性质，即他们的社会心理学研究始终是以作为整体的不同层次的社会群体为分析单位的。在社会学的社会心理学看来，社会群体虽然来源于每一个社会个体，但是它以一种整体的形态存在着并影响着每一个个体，使每一个社会成员无法摆脱群体内存在的情绪、情感和思想意识的影响，从而形成了所谓的"社会心理"（social mind），即某一社会群体所共有的心理现象。这些心理现象在不同层次的群体中所表现出来的就是这些群体的群体心理，而当群体扩大为某一个层面的"社会"之后，群体心理也就成为相应的社会心理，直至整个社会的社会心理。

这种社会心理，在施坦达尔和拉扎鲁斯的民族心理学那里被称作"民族精神"。所谓民族精神，施坦达尔认为："由于出生与居住环境的统一，一个民族的所有个体都在各自的身体和灵魂上打上了特殊的民族本性的痕迹，而且这种民族本性痕迹在一切个体身上引起了相同的一定爱好、倾向、素质和精神属性，结果他们都具有同样的民族精神。"这就是说，民族精神就是一定民族的各个个体在心理上的相似或相同的成分。冯特则强调民族精神是个体意识的创造性综合，通过这种综合产生了新的实在性，民族精神就体现在超个体的活动成果——语言、神话和道德中（N. C. 科恩，1982）。与民族心理学相类似的观点还有涂尔干、列维-布留尔等人的集体表象说，精神分析心理学家荣格的集体无意识理论等，它们都承认在一定层面的社会中存在着所有社会成员共同具有的某种心理或精神现象，它类似于一种客观的精神实体，常常表现在一定的文化形态之内，如语言、风俗习惯、宗教等。

勒庞则以心理群体为研究对象，揭示了存在于群体中的社会心理——群众心理（crowd or popular mind）。勒庞（2000）认为，心理群体一旦形成，它就会获得一些暂时的然而又十分明确的普遍特征。在乌合之众或者心理群体中，由于个人责任感的彻底消失、情感及行为的相互感染以及个体之间的相互暗示，使得每个人的感情、思想和行为都变成了与他们单独一个人时的感情、思想和行为极为不同的状态，这就是勒庞理论中的社会心理——群众心理。勒庞的群众心理学研究为欧陆社会心理学的发展奠定了坚实的"社会"基础，在经历心理学行为主义和认知思潮的冲刷和影响之后，欧洲大陆社会心理学在20世纪80年代后又回到了勒庞的研究取向上（杨宜音，2006）。如泰菲尔（Tajfel）的社会认同理论（social identity theory），还有在此基础上形成的特纳（Turner）等人的"自我类别化"（self-categorization）概念，以及雷彻（Reicher）在阐述群众行为的社会认同模式中对于"自我刻板化"等概念的讨论，都强调了社会心理学的社会学性质，探讨了不同于个体心理的群体心理或社会心理。其他如乔治（George）的"群体情感基调"（group affective tone）概念以及凯利（Kelly）的"群体情感"（group affect）、"群体情绪"（group emotion）、"群体心境"（group mood）等概念，都是沿着社会学的社会心理学传统，对于作为整体的群体心理的情绪、情感方面的研究（杨宜音，2006）。

概括从民族心理学到20世纪80年代以来社会学的社会心理学关于社会心理的研究可以看到，作为最宏观层面的整体的社会心理，它的勒庞原著的法文名字是：Psychosocial Foules，被译成英文为：The Croud : Study of the Popular Mind。在法语中 Foule 一词本身就具有"乌合之众"的含义，与英文的 popular 的意义并不相同，英语中使用 popular mind 容易引起对勒庞这个概念理解上的混乱。

社会心理的构成其实包含着两个方面的内容：一是社会心理的相对稳定的构成部分，即由群体共同的活动特点或相似的物质生活条件以及相似的社会交往和文化特征所引起的一个社会较为稳定的心理特质，它表现在一个社会的风俗、习惯、传统、道德、宗教、舆论等方面，并对每一个社会个体施加着无形的影响，社会个体会自觉不自觉地遵循着这些社会心理特质去思考和行动；二是社会心理的动态构成部分，它是社会成员对于现实社会结构和社会运行状况的即时性的反应，它表现的是社会成员对于当前社会现实的直接的认知状况和情感、情绪反应状态。作为对社会现实的直接的心理反应状态，是人们最直接可感的社会心理成分。从当前学术界关于社会心态研究的实际内容来看，这种直接可感的社会心理的动态构成部分，正是我们所要定义的社会心态。

基于以上分析，我们可以将社会心态定义如下：社会心态是与特定的社会运行状况或重大的社会变迁过程相联系的，在一定时期内广泛地存在于各类社会群体内的情绪、情感、社会认知、行为意向和价值取向的总和，它属于社会心理的动态构成部分。对这个定义的理解还应该强调如下几点：（1）引起或产生社会心态的社会条件的特殊性。就是说，引起社会心态变化的不是一般的群体物质生活条件或社会生活方式这种条件所决定的常常是社会心理的相对稳定的构成部分，而主要是在社会运行中具有特殊的历史影响意义的社会变迁过程。（2）社会心态的内容不同于一般的社会心理内容，它主要是直接反映当前社会运行或社会变迁的、动态的、具有较强烈的情感情绪色彩的心理活动内容。相对来说，社会心理的内涵比社会心态要广泛得多。（3）社会心态具有即时性、动态性、直接性等较"表面性"的特征，是较易被感知、被认识到的心理层面的内容。

由此可见，社会心态与社会心理是两个既有联系又有区别的概念，虽然在一些情况下它们所指涉的含义是相近的甚至是相同的，但是，在很多情况下它们又有各自的表达领域或指涉范围。因此，我们应该承认社会心态概念在社会心理学中相对独立的学科地位，不能简单地把它与社会心理混淆使用。从某种意义上说，社会心态这一概念的提出和广泛使用，是汉语社会心理学研究对社会心理学学科的一大贡献。在一种语言中，对某类现象的表达有时必须要使用某一个词语，否则就无法准确深刻地表现出关于这一事物或现象的思想、感受。社会心态概念的使用正是如此，就如当年勒庞若不使用Foules（群众或集群）就不足以表达当时的社会心理状态一样，而当社会心理不足以表达我国社会转型期社会成员的各种情感、情绪等心理活动内容时，汉语的"态"字便为人们找到了更恰如其分地表现此类心理活动内容的语言形式。社会心态比之于社会心理，是一个更能够准确地反映当前社会变迁过程中人们心理世界的变动状况或特征的词语。因此，社会心态一词的被选择便成了必然。当然，这并不是说在此之前就没有社会心态这个概念或者没有人使用过这个术语，这显然是不符合事实的。我们的意思是说，社会心态要成为一个社会心理学的学术概念，需要有一个概念化（conceptualization）的过程。研究者指出当"社会心态"一词在某些特定的心理现象问题上达成基本共识时，社会心态作为一个社会心理学的学科概念（concept）就基本稳定下来了。也许这个概念化的过程至今也没有完成，因为在社会心态概念的许多基本问题上还存在着巨大的分歧。

## 第三节　社会心态的测量——概念的操作化

我们之所以说"社会心态"概念化的过程还没有完成，最重要的一个根据就是对社会心态的测量应该从哪些方面入手这个问题，目前基本上没有统一的意见。综观近些年公开发表的关于社会心态研究的文章便可发现，虽然大家谈的都是"社会心态"问题，但是我们却几乎无法从这些研究中确定一个测量社会心态的大致范围。"概念化的最终产品就是一组具体指标（indicators），指标被用来说明概念的属性。"（巴比，2000：155）没有相对统一的说明社会心态概念属性的指标，就不可能在对社会心态现象的理解上达成相对一致的共识，这是在社会心态的研究中必须要解决的问题。好在我们已经探讨了社会心态概念的含义，这种讨论不仅是一种概念辨析的需要，更重要的还是为了更准确地对社会心态现象进行测量。社会心理学自20世纪20年代以来就不再是停留在哲学思辨或"议论"上的社会哲学或社会经验论了，而是建立在实验研究基础上的社会分析学（Hollander，1967：32-34）。所以，现代社会心理学对于社会心态的研究，最基础的工作就是采用社会科学的研究方法和技术，对社会心态进行客观的测量，以完成科学研究的"经验任务"（安德列耶娃，1984）。

在社会科学的研究中，描述概念测量的"操作"叫作概念的操作化定义（operational definition），它的目的在于说明如何测量某个概念（巴比，2000：160）。例如，由史汝尔（Leo Srour）对"失范"概念的经典的操作化定义就是要求受访人对五个叙述性的问题（即指标）回答同意或不同意（巴比，2000）。对于社会心态问题的实证研究，最关键的也是要对社会心态概念给出一个操作化定义，否则就不能确定社会心态的测量范围。前文中我们对社会心态作出的描述性定义在说明社会心态"是什么"的同时，还明确了社会心态的构成要素。这样，我们就可以比较方便地在此基础上对社会心态概念进行初步的操作化以确定社会心态的测量维度（dimension），即概念测量的具体方面或层面。但是社会心态是具有对象性的，也就是说，社会心态总是对应于某种特定的社会现象。因此，在初步确定了社会心态的测量维度之后还要继续对测量指标进行更具体的操作化。

根据前文对社会心态概念的界定，我们确定以下几个方面为社会心态测量的基本维度，即社会情绪、社会认知、社会价值观和社会行为意向。之所以以这几个方面作为社会心态测量的基本维度，是因为这几个方面都与社会行为有着高度的关联，是社会行为最重要的心理决定要素，在社会心理学关于态度的研究中它们与社会行为之间的关系已经得到了充分的证明。毫无疑问，从实践的角度看，探讨社会心态问题的意义首先就在于对社会行为的预测与控制。因此，以与社会行为高度相关的心理要素作为社会心态的测量指标是社会心态研究的必然要求。

## 一、社会情绪

社会情绪是社会心态构成成分中的感情性因素,是指社会成员对于各种社会现象的感情性反应或评价。前文中提到的欧洲大陆社会心理学研究中的群体情感、群体情绪等概念都属于社会情绪的范畴。

当社会成员面对着特定的社会现象或社会事件时,必定会产生特定的感情性反应,或者是积极肯定的反应,或者是消极否定的反应。社会情绪的变化范围一般就是在消极否定和积极肯定这两极之间的。"仇富心态""相对剥夺感""社会焦虑"等,所指的就是社会情绪的一些消极状态;而"万众一心""群情振奋"等往往描述的是社会情绪的积极状态。在社会心态的研究中,一个重要的任务就是要搞清楚社会成员在哪些问题上具有积极肯定的情感,而在哪些问题上容易产生消极否定的情绪。当然,要具体地测量社会情绪,还需要根据引起社会情绪反应的具体的社会条件,对概念进行更进一步的操作化。同时,还应该考虑到在普通心理学中情绪概念所包含的具体方面,如激情、情绪和情感等,这样才能较为准确地测量到社会情绪的客观状况。

## 二、社会认知

在社会心理学中,社会认知(social cognition)是一个有着特定含义的概念。各种社会心理学教科书关于社会认知的定义是基本一致的,一般是指"个人对他人、对他人的社会行为及其规律的感知与认识"(周晓虹,1997:164)。很显然,这里所说的是在个体层面或个体社会心理意义上的"社会认知",它指的是个体之间的相互知觉(社会知觉)、归因判断等心理活动过程。认知过程中的社会影响因素往往是社会认知研究所关注的重点,而我们在这里所说的"社会认知"尽管也是建立在对社会现象的认识或感知基础上的,是对于某一社会心态对象的知识或信念,但在这里所强调的是认知的"社会性",即群体或社会中人们对某些社会现象的相对一致的认识或理解,它不是个体之间相互知觉意义上的"社会认知",而是指社会成员对于某一社会心态对象所形成的某种共识。作为社会群体成员共识的社会认知是形成某种社会心态的认识基础，它对于社会行为有着重要的影响，对于社会心态的其他方面特别是情绪方面的影响同样也是十分重要的。在测量社会心态的社会认知维度时，应该考虑的是那些能够反映人们对于某些社会现象的了解认识程度的指标。例如，艾尔·巴比在举例谈到人们对政府腐败的态度时列举出了以下指标：人们是否认为存在政府腐败？人们认为腐败的情况有多严重？人们自己对政府腐败的评断有多大把握？人们认为腐败是什么原因造成的？人们是否认为腐败是无法避免的？（巴比，2000：181-182），这些指标都涉及人们对于政府腐败的认知方面的内容。

## 三、社会价值观

价值观是社会成员用来评价事物、行为以及从各种可能的目标中选择自己合意目标的准则。当价值观的主体是个体的时候，就是个体或个人的价值观；而当某种价值观念普遍地被社会成员所接受时，它便成为一种社会的价值观。社会价值观是隐含在一套社会结构及制度之内的，它对于现有社会架构的保持具有重要的意义。在社会心态中，社会价值观经常处于较为活跃的状态，它时刻反映着各种客观存在的经济社会的政治结构和发展状况。它会随着经济社会的发展变化而不断更新、嬗变，很可能在短短的几年或十几年内就会发生重大的变化。

在中国，由于特殊的政治经济格局，价值观的表现具有很大的曲折性和隐晦性。因此，对于社会价值观的测量更需要精心设计相关指标，以准确地反映社会价值观的客观状况以及引起价值观变化的因素和条件。

## 四、社会行为意向

社会行为意向是社会心态构成中的行为成分，但不是行为本身。简单地说，它是行为的准备状态。就个体来说，行为意向是神经和精神的准备就绪状态；就社会群体来说，行为意向则是某种集体行动的萌芽状态。由此可见，行为意向是社会心态中最接近显性社会行为的部分，它对于社会行为的影响也是最直接、最关键的。当然，它自身也要受到以上几个方面因素的影响。从某种意义上说，正是以上几种社会心态成分的合力促成了特定的社会行为意向。在将社会行为意向进一步操作化为具体的测量指标时，所选指标最重要的是要反映社会成员针对某一社会心态对象将要采取的行动意向。与以上其他几个方面一样，那些"社会性"的或者集体的行动，是社会行为意向测量所关注的重点内容。

上述四个方面仅仅是对社会心态概念操作化的第一步，或者说仅仅限定了社会心态测量的一个大致范围。我们不排除对社会心态的测量还可以从其他方面进行，但是以上几个方面应该是社会心态的最基本、最核心的测量维度。基于这些基本维度的具体操作化指标，将对社会行为的预测和控制提供较为完整和全面的信息。

# 第二章　社会心态培育

解决各种宏观社会心理问题，如培育良好社会心态，应对心理变迁的不良趋势，是社会治理的对象和内容之一，更是心理建设的首要任务，我国的社会心理服务体系建设为完成这一任务提供了制度保障。本章首先基于研究资料确定我国的社会心态现状，然后阐述社会心态的培育思路，最后分析各类人群的心理变迁趋势并提出应对之策。

## 第一节　社会心态的内涵与现状

学术界对社会心态的研究在心理学发展的早期就开始了，各国政府也高度重视社会心态问题，因为社会心态是否和谐关乎民心向背与政权稳定。正确理解社会心态的内涵和结构，准确把握我国当前社会心态的现状及其历史变迁趋势是开展社会心态培育的前提。

### 一、学界和国家高度重视社会心态问题

#### （一）社会心态研究简史

学界对社会心态的研究由来已久。据考证，英语的"心态"（mentality）一词出现在 17 世纪，这个词后来进入法语，并得到广泛使用，用以指代集体的心理状态（徐浩，1992）。在 19 世纪中后期，受到法国大革命这一历史事

件的影响,欧洲社会心理学家开始纷纷关注"具有无可匹敌的力量,令人畏惧的"群体心理。例如,法国学者勒庞 1895 年所著的《乌合之众》一书就刻画了当个人聚集成群体时的心理变化。勒庞发现,个人在群体中会丧失理性,思想情感受到他人暗示和传染而变得极端狂热,失去自控并肆无忌惮地做出各种过激行为(勒庞,1895/2007)。到 20 世纪 20 年代末,受到涂尔干和勒庞等法国早期社会学家或社会心理学家影响的年鉴学派(历史学的一个学派,它确立的标志是 1929 年创刊的《经济社会史年鉴》)创立了专门的"心态史学"。心态史学运用心理学方法考察历史上各类人物以及各种社会集团、各种阶层的精神状态或心态,并分析其对历史进程的影响。心态史学将群体共有的意识观念、信仰和社会文化纳入研究范围,认为心理的集体特征、某个群体和民族的特殊思想和感知方式不同于官方的意识形态(杨宜音,2006;周晓虹,2014),值得专门研究。心态史学研究的是社会、群体或某个阶层的心理,即使研究的对象是一个人,但探讨的却是与这个人同时期、同文化的人所共有的心态(余安邦,1996)。

社会心态是一种群体现象,并不等于个体心理现象的加和,它是某一时代人们的世界观或对世界的想象(王俊秀,2014)。社会心态属于社会心理学的研究范畴,它的研究必然受到社会心理学学科本身研究主题与范式变化的影响。自勒庞以来,法国的群体心理学以及德国的民族心理学都对欧洲的社会心理学研究传统产生了深刻影响。这一传统使欧洲社会心理学始终具有"社会"的性质,即以社会群体为分析单位,关注群体而非个体的心理。但在 20 世纪的大部分时间里,以美国的奥尔波特(G. Willard Allport,1897—1967)为代表的实验社会心理学成为主流社会心理学,欧洲的群体心理学被边缘化。在 1968 年使欧美社会处于激烈动荡中的青年大造反运动以及"反战运动"中,使研究者开始意识到以个体主义为主导的实验社会心理学研究与社会现实之间出现了断裂,他们的研究结果难以应用于解决社会实际问题,在这一背景下,研究者的注意力再次转向了群体心理(周晓虹,2014),而社会心态作为社会心理的一部分也再次受到了研究者的关注。在美国的实验社会心理学大行其道的时候,欧洲的群体心理学则处于蛰伏状态,到 20 世纪 70 至 80 年代在欧洲发展起来的社会认同理论、社会表征理论等复兴了这种群体心理学的传统，推动了社会心态的研究。

在中国当代急剧的社会变迁背景下，社会心态这一社会心理的"晴雨表"也得到了研究者持续的关注。我国对社会心态的研究是从20世纪80年代中期开始的，截至目前发表的有关社会心态的文章有数千篇之多。这一研究历史可以划分为三个阶段（王俊秀，2017）：第一个阶段是从1986年到1995年，这是社会心态研究的起步阶段，这一阶段的文献数量不多，主要是对经济改革和社会变迁背景下社会心态的一些直观描述，偶有少量调查研究，研究者的学科背景非常多样化，包括政治学、经济学、文学等。第二个阶段是从1996年到2005年，是社会心态研究的积累阶段，虽然在研究成果的数量上比第一个阶段有所增加，研究的领域有所扩大，但整体上看，这个阶段并没有突破性的研究成果，缺乏深入的理论建构和大规模调查。第三个阶段是从2006年至今，这是社会心态研究的快速发展期，这一阶段每年社会心态相关研究的数量成倍地增加，理论探索逐步深入，研究领域日益广泛，研究队伍不断壮大。

### （二）社会心态是社会治理的重要内容

我国学术界对社会心态的研究之所以能在第三阶段进入快速发展期，主要得益于国家的重视。2006年10月，《中共中央关于构建社会主义和谐社会若干重大问题的决定》中提出，要塑造"自尊自信、理性平和、积极向上的社会心态"。此后，在一系列政策文件中，反复强调良好社会心态培育的重要性。在2011年的"两会"上，"社会心态"被写入"十二五"规划，强调要"培育奋发进取、理性平和、开放包容的社会心态"。随后《人民日报》评论部连发了5篇题为"关注社会心态"的系列文章，明确提出"心态培育，是执政者的一道考题"。党的十八大将培育积极的社会心态上升到和谐社会治理的高度；十九大更是明确提出"加强社会心理服务体系建设，培育自尊自信、理性平和、积极向上的社会心态"。

国家如此重视社会心态及其研究，首先是因为社会心态是社会稳定的指示器，是社会预警机制的主要观测指标。一方面，社会心态是社会结构和社会变迁的表达，它折射出社会转型过程中整个社会的价值取向和社会共识性的变化。另一方面，社会的稳定有赖于社会心态的健康，而社会心态研究可以及时了解社会心态及其背后社会运行的现状，从而在社会心态失衡时，及时发出预警信号。随着我国社会的急剧变迁，社会心态正在发生迅速而复杂的变化，这种变化反过来对个体、组织、社会和制度都有很大的影响。因此，要加强社会心态监测，了解社会心态现状，解决社会心态问题，以维持社会稳定并推动社会高效正常地运行。

此外，不仅对社会稳定，社会心态对其他各个系统的运行都有重要影响。在我国，一些负面社会心态问题、关键心理指标的恶化趋势等，已经损害到了人民福祉，甚至削弱了经济发展动力。这里以社会信任和经济发展的关系为例，说明社会心态对经济发展的普遍性影响。世界银行专家对 29 个市场经济体的研究发现，人们之间的信任水平每提高 1 个标准单位会带来 1.15% 的经济增长（Knack Keefer，1997）。因为对他人或陌生人的信任是开展商业贸易的前提，"信任圈"缩小，意味着经济活动减少，交易成本增加。我们的研究显示，我国大学生信任水平不断下降：信任分数 1998 年为 80 分，到 2011 年降为 71 分，下降幅度超过 1 个标准单位（Xin & Xin，2017）。信任是双向的，大学生信任水平的下降意味着他人和社会变得不再那么值得信任，社会信任在衰落。信任是经济发展的动力之一，社会信任的下滑或许是当前经济发展速度放缓的重要原因之一（Xin & Xin，2017）。因此，国家有必要将社会心态培育纳入社会建设和社会治理的对象范畴，培育健康的社会心态，促进社会和谐与经济可持续发展。

## 二、社会心态的内涵与结构

### （一）社会心态的概念界定

关于"社会心态"（social mentality），许多研究缺乏清晰的概念界定，并将其与"民意""国民心态"和"社会心理"等概念相混淆，而一些相对严谨的界定，其侧重点也各有不同。

例如，杨宜音（2006）将社会心态定义为一段时间内弥散在整个社会或社会群体类别中的宏观社会心境状态，是整个社会的情绪基调、社会共识和社会价值观的总和，它反映了个人与社会之间相互建构而形成的最为宏观的心理关系。这一界定注重了社会心态的宏观性特征，即它不是个体的社会心理，而是超越个体的宏观社会心理现象。

马广海（2008）将社会心态定义为与特定的社会运行状况或重大的社会变迁过程相联系的，在一定时期内广泛地存在于各类社会群体内的情绪、情感、社会认知、行为意向和价值取向的总和。这一定义强调社会心态是社会心理的动态构成部分，是社会变迁和社会历史事件的心理反映，它具有即时性、动态性、直接性等特征。他认为，一个社会或民族的宏观社会心理包括相对稳定的部分和动态变化的部分，社会心态研究主要关注宏观社会心理中动态变化的部分。

这两个定义在社会心态研究中得到较为广泛的认可，二者分别强调了社会心态的宏观性和动态性特征。后来有学者强调了社会心态的第三个特征——突生性（emergency）。突生性，也可称为"涌现性"，它指系统层面突然出现的超越要素的属性。社会心态的突生性是指社会心态虽然源自个体心理，但它并不等同于个人意识或心理的综合，而是新生成的、具有本身特质和功能的心理现象（周晓虹，2014）。

综合上述三个定义，社会心态可以被定义为在社会变迁过程中，一段时间内广泛地存在于整个社会和各类社会群体中的由社会情绪、社会认知、社会价值观和行为意向构成的宏观的、动态的、突生的社会心理态势。

### （二）社会心态的结构

不同的学者也有着或宽或窄的界定。杨宜音（2006）认为，社会心态的心理层次由表及里可分为社会的情绪基调、社会认知和社会价值观三部分；马广海（2008）认为，社会心态由社会情绪、社会认知、社会价值观和社会行为意向构成；而王俊秀（2014）则认为，社会心态由社会需要、社会情绪、社会认知、社会价值观和社会行为意向五个方面构成。综合这些观点，学者们较为达成共识的是如下四个成分：社会情绪、社会认知、社会价值观和社会行为意向。

第一，社会情绪。社会情绪是社会心态中的感情性成分，它是指在某一社会环境下，社会成员所共享的对于某些社会现象和社会事件的情绪体验（蓝刚、蒲瑶，2016），它不等同于个体情绪的总和，而是个体间、群体内以及群体间互动和相互影响下形成的情感氛围。而且，有些社会情绪还会逐渐形成较为内在的、持续的、稳定的社会情感（王俊秀，2013）。如个体情绪一样，社会情绪也存在积极情绪和消极情绪，它体现了社会成员对某些社会事件和社会现状满意与否。具体来说"万众一心"和"群情振奋"等描述体现的是积极社会情绪，而"仇富""相对剥夺感""社会焦虑"等描述展现了消极社会情绪。社会情绪的积极和消极维度体现了社会情绪的调节和信号作用，积极的社会情绪有助于调节社会心态，消极的社会情绪可以反映当下社会亟待解决的问题。例如，有研究发现，改革开放后我国社会情绪从嫉妒逐步转变为怨恨，在改革开放初期，"先富带后富"的政策使嫉妒成为社会情绪基调，这一情绪推动了社会竞争，为经济发展带来了一定的促进作用，但随着贫富差距的扩大、社会流动受阻和社会阶层的固化，怨恨取代嫉妒成为一种主导性的消极社会情绪，这一社会情绪体现了社会心态的失衡，并逐渐形成了对富裕社会阶层的消极刻板印象，给社会良性运转带来了巨大压力（成伯清，2009；马广海，2012）。

第二，社会认知。社会认知是形成社会心态的认识基础。如社会情绪一样，这里所指的社会认知并非个体层面上对他人行为、感受和想法的知觉和推断（Spreng & Andrews Hanna，2015），而是指社会成员对于某一社会现象或社会现状较为一致的认识和理解，强调认知的社会性（马广海，2008）。社会认知的核心部分是社会共识。社会共识是指"社会成员对于某一社会心态对象所形成的某种共识"（马广海，2008），它体现了认知层面的一致性。它是一种社会表征的过程，人们通过人际互动、群体内和群体间的互动形成各种社会表征，而个人经验和媒体也会影响这种表征的形成，最终在这些因素共同作用下形成共识性的社会表征（王俊秀，2013）。前文所说的"民意"就是社会共识的一种体现。

如果说社会情绪是社会心态的"助推器"，那么社会认知就是社会心态的"基石"，没有社会认知，社会心态就难以形成。研究发现，各社会阶层对贫富差距和冲突具有社会共识（李培林，2005；龙书芹，2010）。这一结果与社会情绪中的"仇富"情绪共同构成了贫富差距背景下的社会心态失衡。但是我们除了要关注社会共识是什么，还要关注它是如何形成的，这样才能帮助我们更好地疏导畸形的社会心态。

第三，社会价值观。价值观是人们关于事物重要性的观念，是依据客体对主体的重要性对客体进行价值评判和选择的标准（金盛华、郑建君、辛志勇，2009）。在社会心态中社会价值观所指代的是"社会的价值观"，它如社会情绪和社会认知一样，是被社会成员普遍接受的一种价值观。

"社会的价值观"（societal values）不同于"社会性价值观"（social values），虽然这两者通常都被简称为"社会价值观"（杨宜音，1998）。首先社会性价值观是个体价值体系中"社会性"的部分，例如价值取向理论的社会取向（王晓钧、张文慧、王海平，2012），它展现了个体与他人关系的建构（Beggan & Allison，1994），但这种价值观仍然是个体层面的。而"社会的价值观"是由杨中芳（1994）提出的，是指隐含在社会结构及制度之内的一套价值。这套价值的持有使现有的社会架构得以保持，它展现了社会层面的价值观。并且这套价值体系给社会成员提供了富有意义的生活目标，给予了社会成员一套行为准则，并通过社会规范、社会奖惩和社会控制等外在压力及社会价值内化等内在压力使社会成员遵循这套价值体系，以确保社会的稳定及正常运作。反之，如果社会本身不能提供一种整合性的价值观和意义感，那么发生任何极端个人事件或集体事件都将是难以避免的（汪新建、吕小康，2011）。社会的价值观会随着社会经济的发展不断变化，有研究通过比较已出版著作中价值观词汇频率的变化发现，随着城镇化、经济的发展和教育的普及，中国人的集体主义价值观在减弱，而个体主义价值观则在增强（Zeng & Greenfield，2015）；关于物质主义的研究也发现，当前物质主义价值观在我国日渐盛行（Bai，1998；Jin，2002；Podoshen，I & Zhang，2011）。其他研究表明，青年人的"性贞洁"观念和"传宗接代"的观念有所淡化（王俊秀，2013），传统价值观受到冲击，价值观变得更为多元（史娜，2010；周晓虹，2009）。

第四，社会行为意向。社会心态的最后一个成分是社会行为意向，它是社会心态构成中的行为成分，是社会心态最直接的表现（马广海，2008）。但它不等同于行为本身，而是行为的准备状态，展现了某种群体行动的倾向。社会行为意向会受到上述三种社会心态成分的影响，具体来说，社会价值观会影响社会认知并引发相应的社会情绪，在三者的相互作用过程中，社会共识、社会主导情绪和社会核心价值观念得以建立，而这三个社会心态的核心成分又会影响社会行为和行为意向（杨宜音，2006），即这三个社会心态成分共同决定了社会行为意向。

现有关于社会心态中社会行为意向的研究主要是关于群体性事件的研究。例如，有研究通过"石首事件"等"向政府泄愤的"群体性事件来分析我国现阶段社会心态存在的问题，发现我国存在盲目从众、安全焦虑和个人英雄主义等社会心态问题（李伟南、陈玉梅，2010）；还有研究通过分析群体性事件频发的原因，发现我国当下存在由社会不公引发的社会心态失衡，如社会不同阶层的冲突认知和泄愤情绪等消极社会心态，以及对政府等公共部门的信任缺失（马广海，2012）。如果说社会心态是"渗透性"的，影响社会生活的方方面面，那么这些社会行为意向决定的群体性事件就是"爆发性"的，对社会正常运转具有严重的破坏性。认识和疏导社会心态失衡可以减少群体性事件的发生，维持社会功能的正常运作。

## 三、当前我国社会心态特点

### （一）当前我国社会心态总体态势良好

综合各种研究资料和我们的理论分析，对我国当前社会心态总体态势的研判是：总体上是积极的、健康的（辛自强，2019b）。表现如下：

第一，广大人民对党和政府的信任度较高。随着从严治党、反腐力度的加强，这种信任度有所提升，民意基础进一步巩固。民众对各类社会现实问题的解决充满积极期待，相信党和政府有决心、有能力解决好问题。

第二，对已有成就充满自豪感，对未来发展持乐观预期。人民对中华人民共和国成立以来，尤其是改革开放以来取得的伟大成就，特别是对经济发展、民生改善、国际地位提升都是满意的、自豪的；对未来经济社会发展持乐观预期，对实现中华民族伟大复兴充满信心。

第三，社会价值观务实理性，进取精神不减。当前的社会价值观呈现务实、实用的特点，更容易产生理性的行动，而非偏激的行为。虽然民众利益诉求多元化，但整体而言，追求上进、自我提升和自我实现的进取精神依然充沛，这是经济社会持续发展的动力基础。

第四，群际关系相对和谐，集群行动风险可控。虽然存在一定的社会矛盾和群体性事件，但参与者尚无明确的阶级和阶层认同，集群行动主要是表达经济诉求，希望惩恶扬善，并无明确的政治诉求（于建嵘，2009），社会风险尚且可控。

### （二）某些社会心态问题值得关注

社会心态是当下民众整体的、弥散性的社会情绪、社会认知、社会价值观及社会行为意向的综合体，在其中的一些方面存在这样或那样的消极问题（辛自强，2019b）。

第一，与财富和收入分配差距有关，相对剥夺感和怨恨情绪突出。我国城乡之间、行业之间、社会阶层之间财富和收入差距依然较大，与此有关的是弥漫在公众心里的"相对剥夺感"和"仇富"情绪，以及对富裕群体的消极刻板印象（如为富不仁和奢侈腐化）（马广海，2012）。网络上的一些流行语，实际上就表达了这种情绪和刻板印象。"你无法用钱买到幸福，因为你没有钱""像我这种连名牌都不认识几个的人，有时候连别人在炫富都感觉不到""你以为有钱人很快乐吗？他们的快乐你根本想象不到""条条大路通罗马，而有些人就生在罗马""灰姑娘嫁给了王子，是因为她本身就是公爵的女儿""不要看别人表面上一帆风顺，实际上，他们背地里也是一帆风顺"……这些流行语表达了一些人对社会利益分配不均和难以打破的阶层壁垒的不满，以及对社会公平的质疑与消极态度（董扣艳，2017）。

第二，与优质教育资源、医疗资源、就业机会的稀缺有关，社会焦虑与心理压力弥漫。例如，由于优质教育资源的稀缺，择校成为广大中小学生及其家长经常要面对的压力事件。在这一背景下，各种辅导班盛行（如奥数班），额外的校外教育成为择校工具，正常学校教育的作用受到干扰。总体而言，教育的本质（培养人）有被教育市场不断异化的苗头，而广大家长则在择校压力和教育异化的两难中纠结、焦虑。教育、就业、医疗这些民生刚需，也是很多社会群体的主要压力源。大学生就业率整体上比较低迷，一些专业的大学生一毕业就面临失业风险；看病难、看病贵，对于一些罹患重大疾病的个体和家庭都是无法忍受的重负。

第三，对物质财富的追求，延宕为泛化的物质主义价值观。最近几十年一直鼓励人们对物质和财富的合理追求，这极大地激发了人们的工作动力。今天人们虽然衣食无忧、物质生活富足，但有些人对物质和财富的迷恋，或者"拜物教"心态，已经形成一种"滞后存在"的惯习，并泛化为一种不断加强的物质主义价值观（Podoshen，etal，2011）。另外，伴随市场化、现代化进程中对竞争的鼓励，对个体利益的追求，人们的集体主义价值观在减弱，而个体主义价值观在增强（Zeng & Greenfield，2015）；类似地，其他一些积极的价值观，如诚信、友善则均受到冲击，社会信任下滑（辛自强、周正，2012）。

第四，与总体性社会控制、刚性维稳有关，社会氛围的紧张度提升。在国家与个人关系上，国家具有强大的总体控制力，加之刚性维稳、运动式社会动员的强化，社会政治生活有较高的紧张度，民众甚至公务人员的心理压力都较高，不安全感、被动感、弱势心态较为突出。人民论坛问卷调查中心开展的一项调查显示：在受访的党政干部中，认为自己是"弱势群体"的达45.1%；公司白领、知识分子选择此项的比例分别达57.8%、55.4%（刘璐、谢耘耕，2018）。似乎无论哪个阶层和群体，都有约半数的人认为自己属于"弱势群体"，而这些群体本应该是社会阶层中的优势群体。这种弱势感与无力感的普遍存在有其政治和社会根源，值得关注。此外，近几年，食品安全、药品安全、公共安全、财产安全、信息安全问题不断显现，导致公众的安全感持续走低（刘璐、谢耘耕，2018）。

在日常生活、群体性事件、网络舆论中，还折射出其他各种社会心态和社会行为问题，如人际冷漠、行为失范等，不再逐一罗列。

## 第二节　社会心态的培育策略

对社会心态的培育，有一些基本的原则必须被认识到：一是要以社会现实及其想象方式的改造为本；二是要从社会心态的形成机制入手来寻求破解之道。要系统开展社会心态培育，可能还要在更广泛的意义上加强心理建设的顶层设计，并研发和落实一系列专项心理建设工程。

### 一、社会心态培育以社会现实及社会想象方式的改造为本

费孝通（1993）晚年指出对中国社会的研究要关注生态和心态两个层次。生态层次大致属于社会结构或社会现实本身，而心态层次是对社会现实加以认知的结果。随着社会结构的转型，人们认知和想象（社会学家称之为"社会想象"）社会现实的方式或模式会发生变化，从而形成新的社会心态。有学者指出，我国四十年改革开放带来的社会想象的嬗变，沿着时间、空间和关系三个维度展开，即时间感知、空间观念与关联思维（肖莉娜、何雪松，2019），并曾借鉴这一观点进行发挥和阐述（辛自强，2019b）。

首先，改革开放后逐渐形成了以"速度"为中心的时间感知模式。这期间，整个社会呈现加速发展态势，人们见证了基础设施建设的加速、科技发展的加速、社会变迁的加速和生活步调的加速。从深圳提出"时间就是金钱，效率就是生命"，到很多城市建设所追求的"一年一变样，三年大变样"，再到 GDP 的迅速增长、房价的快速上涨以及互联网和高铁的不断提速，所有这些社会现实都让人们的时间敏感度在提升，一切工作都要追求速度。这背后实际上是我们国家作为后发型国家的"追赶型心态"（如中华人民共和国成立后提出的"超英赶美"）。其他国家用更漫长的时间实现的工业化、城市化、市场化、现代化，我们都要挤压到更短的时间范围内实现。不仅国家之间在竞速，国家目标会延伸至社会的各个层面，引发社会不同群体、不同成员之间的竞速，这种速度追求，或者说效率追求，带来了"时不我待"的紧迫感、"与时俱进"的使命感。这种以"速度"为中心的时间感知模式带来了积极、

向上、进取的社会心态,但也伴随着负面的社会心态。例如,在追求速度的过程中会产生急躁和浮躁情绪;凡事总要力图赶上发展的快节奏,而出现害怕落后、唯恐错过机会的普遍焦虑;现代化等"多化叠加"带来人们社会适应的茫然和压力;随社会秩序迅速演进,传统价值观衰落而新型价值观不彰会引发价值迷失和人生方向失焦。凡此种种,皆是"追赶型心态"的表现。

其次,空间表征呈现出从"简单结构"到"不断分化",从"稳定"到"流动"的改变。从物理空间来看,改革开放前城乡二元结构在户籍制的限定下就表现出了深刻的社会和政治意涵,而随着改革的深入,城市与乡村各自内部相对均质的结构进一步分化;不仅城市和乡村的差异,国土的东中西以及南北等不同的区域、平原和山区、中心和边陲都在每一次的改革中面临不同的发展机遇,从而给人们带来人生际遇的差异。举例来说,在一个城市,城市中心的功能配置和社会服务往往优于城乡接合部,但为新建城区而做的拆迁改造往往发生在原先的城乡接合部,从而给居住在城市边缘的人们带来了新的财富和改变人生轨迹的可能。除了物理空间,更重要的是社会空间,即社会阶层它也在从简单结构走向不断的分化,原来的工农两大阶级,分化成了十大阶层乃至更多阶层。物理和社会空间结构的分化伴随的是利益格局、资源分配、发展机会的差异,从而诱发了社会流动。在改革开放后,人们在空间结构中的位置不再稳定和固定,出现了更频繁的变动和流动。就物理空间而言,城市化、信息化和经济全球化推动着人口、信息、资本和技术在城乡之间、区之间、国家之间、行业之间不断流动、迁移、分散与聚集。就社会空间而言,在职业和阶层上的社会流动总体上依然趋于强劲,虽然近年有人在争论"阶层固化"。所谓"固化"只是向上流动的可能在减小,但向下坠落的风险却有增无减。物理和社会空间结构不断分化、社会流动不断加剧的客观现实带来了人们认知现实的方式的变化,表征到空间结构的分化及其后果,从而主动寻求流动。人们从眷恋故土、安土重迁逐渐转变到走出家园,寻找新的发展机遇;从忠于职业岗位以求有序晋升,到学会在不断跳槽中寻求自我价值;深刻体验到社会分层的后果,从而不断寻求向上流动的阶梯,避免阶层下坠的危险。当前社会心态的诸种特点,多源自这种对空间"分化"和"流动"的表征。就积极方面而言,对资源、利益和机会的分布在结构上存在不均这一现实的认知，是个体人生梦想的来源，是推动其自我奋斗的动力；向上流动的成功，也就是人生成就感、价值感、幸福感所在。但这种空间表征的消极方面也必然存在。社会资源分布的不均，会让很多人产生相对剥夺感、不公平感、失落感；人口的空间流动带来了不确定感、不安全感、陌生感；向上流动的失败，会积累挫折感和愤怒情绪；阶层下坠的焦虑，正是当下不断升温的择校热、报班热的心理根源。

最后，人与人之间的关联思维发生了从"群体取向"到"个体取向"的改变。传统的家族、村落以及城市中的单位式社区（大院）这类城市生活共同体的存在是以血缘、地缘、业缘等为维系纽带的，然而近几十年来对速度的追求，社会结构分化和社会流动的加剧，在不断冲击人与人的关系，瓦解这些生活共同体。人们的集体取向、人与人之间的有机联结都在衰落，而代之以个体主义、原子化的生存方式。相应的社会秩序，从礼俗秩序逐渐转为法律秩序。人不再直接对他人负责，也不需要像原来那样绝对忠诚于特定的群体，而是要对法律制度规定的个人权利义务负责，也就是对个人利益负责。不仅是法治化，市场化也催生人们成为个人利益的主体，人成了为个人利益算计的"经济人"，成了善于计算、精于选择的"理性人"。在这样的社会现实面前，人们思考人与人关系的方式也从群体取向转换到个体取向。法治化的积极之处在于用制度去管理每个原子化的个体，以法律面前人人平等的名义，抹去了个体的差异性，做到了去人格化，让社会管理不为伦理纲常和差序格局所累；市场化的积极之处在于用价格和利益交换赋予万事万物统一尺度和交易规则，而无关感情、道德、灵魂和信仰，无关主体的意义世界。总之，法治化和市场化所隐含的个体主义假定，是现代社会简化、统一"人的管理"的有效前提。然而，它们也带来了负面的社会心态，如日益强化的物质主义和精致的利己主义价值观，他人取向与人际联结的持续衰落，社会信任与人际支持的不断弱化，道德情操与公序良俗的反复失守。人类学家阎云翔（2006：5）在对东北地区某个农村进行长期的田野调查后发现，"走出祖荫的个人似乎并没有获得真正独立、自立、自主的个性。恰恰相反，摆脱了传统伦理束缚的个人往往表现出一种极端功利化的自我中心取向，在一味伸张个人权利的同时拒绝履行自己的义务，在依靠他人支持的情况下满足自己的物质欲望"。这一描述实际上是当前社会心态问题的一个缩影。

综上所述，我国当前社会心态的特点，无论是积极面还是消极面，均是社会现实的反映，不过这种反映是通过人们对社会现实（社会结构、社会变迁）的认知和想象方式作为中介的。概括而言，人们以"速度"为中心的时间感知，以"分化""流动"为中心的空间表征和以"个体取向"为中心的人际关联思维，可以更直接地解释当前纷繁芜杂的社会心态表现。简言之，我们要从社会现实根源以及人们对此的社会想象中去寻找社会心态的前因，从而决定如何更好地培育社会心态。

社会心态的培育首先要从社会现实的改善着手。心理和心态都是社会现实的反映。各种社会心态与心理变迁问题的存在，大都有相应的社会现实根源，这些心理层面问题的根本解决有赖于作为其基础的现实问题的解决。例如，民众相对剥夺感的减缓，有赖于财富与收入分配差距的缩小；家长对子女择校焦虑的消除，则有赖于教育资源配置的均衡化以及向上流动渠道的打通。

其次，社会心态的培育要以社会想象方式的重塑为统领。所谓纲举目张、提纲挈领，社会心态培育的纲领所在应该是社会想象方式。辛自强（2019b）认为，要在国家层面适当调整社会想象方式，具体而言，包括如下几点：

一是要从以"速度"为中心的时间感知，转换为"速度"与"品质"兼顾的感知方式。在发展模式上，不可能一味追求高速度增长，也不能一味改革而不作积淀。当前强调高品质发展、强调守正创新，就是适应新时代要求的积极转换。速度和体量的增加都是解决外延问题，而品质才是内涵问题。内外兼顾的事物感知方式，必然有利于今后良好社会心态的形成。

二是在空间表征上要从"分化"向"和合"转化。之前几十年的改革开放主要是做"分"的工作，通过制造分化的结构，打破一潭死水，点燃创富热情和社会活力。农村的包产到户、国有企业的改革都是要打破大锅饭，鼓励多劳多得；沿海开放、沿边开放、西部开发、中部崛起、东北振兴均是根据地域空间差异分别施策；地方竞赛式的经济发展模式，是在引入地区竞争机制，以确定地方政府绩效；由来已久的城乡分治，是为了保证以城市为中心的工业化和现代化进程。如上所述，这种"分化"虽然带来了发展的动力，但也造成了大量负面的社会问题和社会心态问题。而"和谐社会""城乡统筹""区域协同""大城市群建设""一带一路倡议""人类命运共同体"等崭新发展理念的提出,就是在纠正过去强调"分化的偏差",体现"和合"精神。"和合"也可以带来新的机遇,产生创新的动力,推动变革和发展。在分分合合之中,历史不断前进,人们的社会心态也会因此而重新形塑。

三是在人与人的关系上要建立"群己"兼顾的模式。个体取向与群体取向、利己与利群、经济人与社会人均应是社会推崇的价值观和人性观,它们是一个维度的两端,不可偏废。一方面,我们要接受法治化和市场化对个体价值和作用的认定;另一方面,我们要弘扬国家认同,挖掘传统的伦理观和群体观,推广现代公益理念和契约精神,以此来校正狭隘的个体主义。

这里要进一步指出的是,社会想象不仅涉及方式问题,还有内容问题。我们所制定的小康社会、中国梦、共产主义社会就是一种最美好的社会想象,其内容为当前或某一历史阶段的社会行动赋予了无比巨大的意义感和价值感。人类最大的优势是对未来的想象力,对美好前景的想象指引了当下的行动方向、赋予了行动的动力。

正如费孝通(1993:21)所言,我们"必须建立的新秩序不仅需要一个能保证人类继续生存下去的公正的生态格局,而且还需要一个所有人均能遂生乐业、发扬人生价值的心态秩序"。我国当前的改革正在改善现实的社会生态结构,以及主观的心态秩序。社会想象和社会心态虽然都是主观层面的,但它们有着强大的精神力量,会对社会现实产生反作用。

## 二、社会心态培育要从社会心态的形成机制切入

社会心态是存在于群体层面的心理特征,若从自下而上或从个体至群体的角度来看,阐明社会心态的形成机制,就要阐明个体心理如何汇聚融合并在群体层面生成群体成员共享的心理特征。杨宜音(2012)从社会卷入和社会关联的角度介绍了个体心理汇聚融合为社会心态的形成机制。她认为个体卷入社会,或与社会建立关联的过程,包括如下四条路径:

一是社会认同。社会认同是个体将自身归属于某个社会类别或群体的心理过程,个体通过觉知并接受自己属于某个群体的成员资格或社会身份而认

同该群体。所认同的群体就是"内群体",其他群体就是"外群体"。俗话说"物以类聚,人以群分",通过社会认同过程,自我与群体建构起关联,与群体其他成员在心理层面聚合到一起,形成一体感或"我们感",并有意无意地表现出该群体典型的心理特征。社会认同不仅导致个体表现出强烈的群体自尊和对内群体的偏爱(自己人,啥都好),而且会带来对其他群体的歧视、偏见和贬损行为。例如,Xin & Liu(2016)开展的系列实验表明,汉族人对少数民族的信任总是低于对其他汉族人的信任,城镇居民对农民工群体的信任总是低于对其他城镇居民的信任。人们天生偏爱内群体,而不信任外群体,这毫不奇怪。甚至当我们使用"最简群体范式"来人为制造一种看似无关紧要的简单的群体身份差异时,也存在同样的结果。为操纵群体身份,先对被试做一个所谓测验,测试后所有被试均被告知自己属于综合型思维方式的人;然后,让他们完成投资博弈任务,投给对手的钱越多,代表越信任对方。在该任务中,对手被标定为综合型思维者(内群体)或者分析型思维者(外群体),结果被试对同一思维风格的人表现出了更高的信任水平,而对所谓外群体则不然。

二是情绪感染。情绪感染是个体或群体通过有意或无意的情绪状态和态度行为影响其他个体或群体的情绪和行为的过程,由此形成群体内或群体间成员共享的情绪集合,即群体情绪或社会情绪。通俗地理解,这种情绪感染与流行病爆发时病毒传染是一个逻辑。一个多世纪前,勒庞(1895/2007:131)就指出:"各种观念、感情、情绪和信念,在群众中都具有病菌一样强大的传染力,在聚集成群的人中间,所有情绪也会迅速传染,这解释了恐慌的突发性。"例如,历史上每次股市大恐慌的出现,虽然有现实诱因,但多半是人们恐慌情绪相互感染的结果。人们对风险的感知,往往因为情绪感染而出现"社会放大效应",致使感知到的风险大小与实际风险大小有很大偏差(常硕峰、伍麟,2013)。此外,在历次大的社会运动和群体性事件中,也时常能观察到"情绪感染"机制的巨大威力,勒庞在书中就反复以法国大革命中的不同历史片断为例,阐述包括情绪感染、去个性化在内的各种群体心理形成机制。

三是去个性化。去个性化是指个人在群体压力或群体意识影响下,自我控制能力削弱或责任感丧失的现象。通俗地讲，去个性化就是个体被群体所湮没，在群体中迷失了自己，失去了个性，不再对自己的行为有责任感。在一个群体中，个体身份特征不再突出，出现"匿名化"，个体对自身责任的感受下降，而容易表现出极端的行为，做出平时单独不敢做的各种事情。例如，在群体暴乱中，群体成员会表现出超乎寻常的攻击性和破坏行为，这就是受群体气氛裹挟而"去个性化"的结果。实际上，勒庞（1895/2007：50）早就注意到这一点，他说"群体是个无名氏，因此也不必承担责任。这样一来，总是约束着个人的责任感便彻底消失了"。他又写道："有意识人格的消失，无意识人格的得势，思想和感情因暗示和相互传染作用而转向一个共同的方向，以及立刻把暗示的观念转化为行动的倾向，是组成群体的个人所表现出来的主要特点。"群体心理和社会心态的形成莫不如此。

　　四是关系化与镶嵌化。关系化过程是中国文化传统所特有的，个体通过以亲属关系为蓝本、以尊亲为相处原则而形成"自己人（感受）"的过程。例如，两个原本没有亲属关系，甚至互不相识的人，在交往一段时间后"拜把子"或"认干亲"，这就是典型的关系化过程，即建立了类似亲属的人际关系，从而将陌生人变成了自己人。《水浒传》所描述的梁山好汉就是这样形成群体的，从而也形成了其群体心理特征（重情重义）和群体行为规范以自我为中心的差序格局。镶嵌化是指个体为了群体的共同目标，而将自己嵌入该群体结构中。在其中，每个个体都为群体共同的事业做出自己必要的、独特的贡献，并不因为结成共同体而取消自我，这就类似于拼图，镶嵌在整个图画中的每块图板都有独特的贡献，又彼此依赖，共同决定了图画的整体含义。基于镶嵌化机制形成的群体，成员之间相互依赖而形成某种共享的心理特征。例如，中华民族是个"多元一体"的结构，各个民族镶嵌在一起，而表现出中华民族整体的精神风貌。

　　基于上述机制形成的社会心态既可以是消极的，也可以是积极的。例如，情绪感染可以形成负面的社会情绪，也可以营造积极的社会情绪；去个性化可以带来违反道德规则的社会行为，也可以让个体奋不顾身地投入正义的斗争中。在社会心态的培育中，我们要善于分析并利用这些社会心态的形成机制，从机制着手，通过诱发某种机制而培养积极的社会心态，通过抑制某种机制而控制负面的社会心态。举例来说，2019年"港独"分子在香港组织的示威游行中，很多骨干人员都戴上了帽子和口罩，就是在增加匿名化程度，通过去个性化机制让游行人员做出过激的举动。如果通过法律条例规定，凡是上街游行者禁止遮住面部，则更可能让集会游行保持和平而不演化为暴力形式。通过禁止戴口罩的举措（香港特别行政区从2019年10月5日正式实施《禁止蒙面规例》）就可以有效抑制"去个性化"机制的作用。

### 三、做好心理建设的顶层设计

党的十九大报告指出要加强社会心理服务体系建设，以培育良好的社会心态。然而，目前国家对社会心理服务体系建设的定位尚需要进一步明确，内容和思路还需要精心设计。为解决当前的社会心态问题，破解社会心理服务体系建设的困境，应该开展系统的顶层设计。

有学者认为，可以进一步提高思想站位，用"心理建设"的概念来统摄社会心理服务体系建设和社会心态培育（辛自强，2017a）。就内容而言，心理建设应该包括社会心态、心理健康、心理素养、国民性格、价值观念、道德文明、精神信仰等所有心理和精神层面的因素，社会心态培育只是心理建设的一个侧面；即便是社会心态本身，不仅要应对负面社会心态问题和关键心理指标的恶化趋势，更要从正面培育健康、平和、包容、上进的社会心态，提升国民的幸福感、成就感、获得感等积极心理指标。就手段而言，心理建设包括社会心理服务体系建设，也包括个体层面的、教育层面的、健康层面的等各种心理服务体系建设。

心理建设的思想具有历史传承逻辑的合理性和当代创新的现实必要性以及理论可能性。"心理建设"这一概念虽然并非古已有之，但是其思想早就是我国古代文化的核心之一。《大学》提出著名的"八目"，即"格物、致知、诚意、正心、修身、齐家、治国、平天下"，其中"修身"及之前的内容都是就个体心理修炼或心理建设来讲的，它们构成了"齐家、治国、平天下"的基础。"八目"刻画了中国传统文人由"内圣"（心理建设）而"外王"（治理家国天下）的进取之路；不仅如此，每个能进入"外王"层面、担当家国天下治理任务的人，也都重视民众的心理建设，将民心向背作为头等大事。

把"心理建设"上升为建国方略之一的，则是伟大的革命先行者孙中山先生。他在1917年开始写作的《建国方略》中，明确提出了"心理建设"的思想。他把国民"心理建设"列为建国方略之首，高度重视精神文明、心理文明。孙中山强调："中国革命事业，实全国人心理所成。""国家政治者，一人群心理之现象也。是以建国之基，当发端于心理"。"国之趋势，为万众心理所造成，若其势已成，则断非一二因利乘便之人之智力所可转移也。"总之，他认为革命、立国与建国都需要以人心做基础，国民的心理建设是出发点也是落脚点。

无论在革命战争时期还是国家建设过程中，中国共产党一直重视群众心理的引导，重视精神文明建设。进入21世纪后，有关"心理建设"的思想愈益明确。党的十六届六中全会（2006年）首次明确提出构建和谐社会要"注重促进人的心理和谐，加强人文关怀和心理疏导"，要"加强心理健康教育和保健，健全心理咨询网络，塑造自尊自信、理性平和、积极向上的社会心态"。党的十七大报告（2007年）强调要注重人文关怀和心理疏导。党的十八届三中全会（2013年）明确提出要"推进国家治理体系和治理能力现代化"，并将"心理干预"作为社会治理的手段。党的十九大报告（2017年）作出了加强社会心理服务体系建设的战略部署。

人类文明可以粗略分为物质文明和精神文明。我们一直强调"两手抓"，一手抓物质文明建设，一手抓精神文明建设，然而在目前的"五大建设"中，除了文化建设涉及一部分精神文明的内容外，总体而言，对精神和心理层面的内容重视不够。当前，中国特色的社会主义事业已经进入新时代，这对心理建设提出了新要求。就国际范围来看，中国已经是世界第二大经济体，正在成为全球治理的最重要引导力量。就历史使命来看，中华民族伟大复兴的中国梦，正激励着每一个中国人不懈努力，人民期待着国家走向强盛。就像诗人杜甫所描述的"开元盛世"："忆昔开元全盛日，小邑犹藏万家室。稻米流脂粟米白，公私仓廪俱丰实。"物质的富有是盛世的基础，然而回想唐朝开元盛世，令我们震撼与骄傲的不仅是物质财富，还有那种世界大国豪情万丈的理想、自信从容的心态、包容天下的胸怀、协和万邦的气度（辛自强，

2017a)。杜甫如此描述:"宫中圣人奏云门,天下朋友皆胶漆。"若要至此境界,当下我们不仅要积聚物质实力,更要通过"心理建设",凝聚心理力量。

在心理建设的顶层设计确定后,应该设立有关的专职部门,负责建构从宏观战略到微观实践的完整的心理建设体系。由于现实社会心理问题的多样性,不同国民群体各种心理指标变迁趋势的复杂性,国家除了制定心理建设的宏观战略,也要责成有关部门和专家围绕各类社会心理问题,针对重点人群、重点问题设计"专项心理建设工程"。例如,社会信任重建的专项心理建设工程,农村留守儿童专项心理建设工程,网络群体性事件中的社会心理疏导工程,等等。此外,为了促进心理建设战略的落地,尤其要重视"社区心理建设"打造以社区共同心理为基础的社会生活共同体。

## 四、增进群际和谐的社会心理学路径

"和谐社会是一台交响乐。其'音符',说到底就是社会的各个群体、阶层。"(邓伟志,2005:26)从一定意义上讲,实现群际关系(如民族关系、阶层关系)的和谐是构建和谐社会的基础,而和谐群际关系的关键在于能否减少或消除各群体之间的偏见。早在 20 世纪 50 年代,美国著名社会心理学家奥尔波特(Allport,1954:42)在《偏见的本质》一书中就指出,群际偏见是由于某一群体对另一群体缺乏充足信息或存在错误信息而产生的难以改变的厌恶之情。如何减少人们对外群体的偏见并促进群际关系的和谐呢?社会认同理论和群际接触理论提供了很好的思路(辛素飞、明朗、辛自强,2013;辛自强、辛素飞,2013)。

### (一)调整社会认同,促进群际关系和谐

英国社会心理学家泰弗尔(Tajfel,1974)的社会认同理论认为,个体通过社会分类对自己所属群体产生认同,并产生对内群体的偏爱和对外群体的偏见。从这一角度来说,偏见源于社会分类。在现实生活中,我们经常进行分类,倾向于将周围的人分成"我们"(本群体的人)和"他们"(外群体的人),并且给予内群体更多的积极评价,而给予外群体更多的消极评价。这里的"我

们"与"他们"的划分反映了社会认同,本身未必存在好坏之分,只是我们通常更加认同内群体而已。群际偏见的出现主要是由于社会认同太单一化,缺少复杂性和包容性所致。因此,要想减少对外群体的偏见,我们可以通过重新进行社会分类的方式来"模糊"身份界限(模糊造成群际偏见的身份、弱化身份认同),让原属不同群体的成员意识到他们可以归属于一个新的群体,这样可能就会减少对原先外群体成员的偏见,从而促进群际关系的和谐发展。基于社会认同理论,可以从四个方面减少群际偏见、改善群际关系。

第一,构建一种共同的内群体身份。为了减少群际偏见、促进群际和谐,我们可以通过构建一种新的、更高一级的、共同的群体身份对两个群体进行重新归类来弱化原有的群际边界。具体来说,当人们将自己看成是一个更大的"联合"群体的成员时,人们会将对现有内群体成员的看法推广到先前的外群体成员身上,会把先前的外群体成员知觉为内群体成员,更多地认识到彼此的相似性。这种重新分类的方法可以将原先外群体中的"外人"重新看成是内群体中的"自己人",拉近群体间的社会距离,进而减少群体间的偏见。例如,我国不同民族之间可能会出现民族偏见的问题,为了降低他们之间的群际偏见程度,改善民族关系,国家和社会要坚持民族平等、团结与发展的民族政策,在存有偏见的社会成员中构建一个新的、更高一级的、共同的群体身份(如中国人)来改变他们原有的身份认知,将内群体(如汉族人)眼中的所谓"外人"(如某一少数民族的人)看成是"自己人"(都是中国人),从而减少对原有外群体的偏见,促进各民族之间关系的和谐发展。

第二,构建一种双重的身份认同。虽然我们可以构建一种新的、更高一级的、共同的群体身份,但是当人们对某一原有群体身份的认同感较强时,这种上位身份的意识是很难建立和维持下去的,因为群体成员会认为这种共同的上位身份与自己所强烈认同的身份是不相容的。因此,我们应该凸显共同的上位身份,同时保留原先的子群体身份,构建一种双重的身份认同,即认识到自己既属于群体 A,又属于群体 B。例如,为了减少汉族与少数民族之间的偏见问题,我们应该建构一种双重身份认同,在强化国民身份的基础上同时强调民族身份,在全社会弘扬"五十六个民族是一家"的精神,让群体成员认识到虽然他们属于不同的民族，但却都是同一国家的公民，从而消除不同民族之间的偏见。

第三，建立一种交叉的群体身份。"交叉分类"是一种目前得到普遍认可的减少群际偏见的方法，它是指在存有群际偏见的两个群体之间，根据两个或多个身份类别来重新划分群体。其基本原理是个体在某一身份类别上是外群体成员，但在另一身份类别上又是内群体成员，由此人们在前一种类别上的差异性会被在后一个类别上的相似性所平衡。它能够使社会分类变得更加复杂，降低群体之间的差异和简单对立。因此，要想改善对外群体的态度，降低对外群体的偏见程度，我们可以通过建立交叉群体身份的方法来降低单一群际界限的凸显性。

第四，激活个体的多重社会身份。现实社会中的个体并不是只有一种社会身份，可以同时属于多种社会群体并且拥有多重社会身份。多重社会身份激活的个体更有可能意识到在某一个群体身份类别上是外群体的人，可能同时在某些不同的身份类别上又是内群体成员，这样使得身份界限变得更加"模糊"，从而降低对原有外群体成员的偏见。因此，我们还可以通过激活个体的多重社会身份来降低对外群体成员的偏见。对这一思路的作用，我们在多项实证研究中已经作了确证（Xin et al., 2016; Xin & Zhang, 2018; 辛自强、辛素飞，2014）。举例来说，当前在我国的城市化进程中，"城里人"对农民工存在较高的偏见，这将直接影响群际关系的和谐。因此，我们可以通过多角度激活"城里人"的多重社会身份，让"城里人"意识到他们与农民工可能在某些身份上是相同的（如都是老乡、都是城市的建设者等），弱化内外群体的界限，从而减少对农民工的偏见，促进社会的大融合。

### （二）增加群际接触，促进群际关系和谐

长期以来，群际接触一直被看成是改善群际关系的一种有效方式。从本质上来说，群际偏见是由于内群体对外群体缺少足够的信息或存在负面的刻板印象而产生的，而群际接触则为增加对外群体的认识和纠正负面的刻板印象提供了机会。根据对北爱尔兰地区天主教徒与新教徒的研究发现，群际接触确实能够增加对外群体的认识和了解、增加对外群体的积极

情感，进而减少群际偏见，促进群际和谐（Tam，Hewstone，Kenworthy，& Cairns，2009）。奥尔波特（Allport，1954）的群际接触理论探讨了群际接触对减少群际偏见的作用机制，为从心理学的角度建设和谐社会提供了一种思路。

第一，不断增加群体间"直接接触"的机会。奥尔波特等（Allport，1954；Pettigrew，1998）认为要想最大限度地降低群际偏见，直接的群际接触需要满足几个关键条件：群体成员应该处于平等的地位，不同群体成员需要以平等的身份进行接触；要有共同的目标，群体成员应该相互合作、共同努力来达到目标，而且共同目标只有在合作型的群际关系中才会发生作用；群体间的接触需要有相关法律和制度的支持。在我国的城市化进程中，降低"城里人"对农民工的偏见或歧视，促进两大群体关系的和谐是建设和谐社会的重要内容。因此，要为他们创造最佳的群际接触条件，增加彼此的了解。例如，建立平等的户籍制度，加大对农民工与"城里人"平等接触的舆论支持力度，降低两大群体之间的心理位差；应该想方设法增加农民工与"城里人"群际接触的机会，城市社区居委会可以在农民工居住的社区举办各种群际接触的活动（如慰问农民工、邀请农民工为社区建言献策等），不断增进"城里人"对农民工的了解、改变原有的错误经验，认识彼此的相似性，从而达到减少群际偏见、改善群际关系的目的。

第二，鼓励群体间的"拓展接触"。在很多情况下，不同群体之间直接、面对面的接触机会比较少。因此，这时我们可以采取拓展的群际接触来降低对外群体成员的偏见。"拓展接触"是一种间接的群际接触形式，只要知道内群体成员有一个外群体成员的朋友，内群体成员就会形成积极的外群体态度，就足以减少偏见。因此，当群体间缺少直接接触机会时，要降低对外群体的偏见，我们应该鼓励群体之间进行拓展接触，鼓励与外群体成员交朋友，增加内群体成员的外群体成员朋友（包括朋友的朋友）的数量。比如，如果一个"城里人"有很多农民工朋友，那么这个"城里人"身边的"城里人"朋友对农民工的偏见程度可能会降低；反之亦然。因此，应该鼓励"城里人"多交往一些农民工朋友，增加彼此的认识，可能会降低"城里人"对农民工的偏见程度，进而促进群际关系的和谐发展。

第三，不断想象群体间的积极接触。如果群体间既没有面对面接触的机会，也没有其他群体成员的朋友，那么我们可以考虑采用另外一种间接的群际接触形式，即想象的群际接触。"想象群际接触"已经获得群际关系研究者的广泛关注，它只需要内群体成员从心理上想象与一个外群体成员进行积极的社会互动的场景，就可能会缩短群体之间的社会距离，也会改善内群体成员对外群体的原有态度和行为。它已经成为减少群际偏见、促进群际和谐的一种较为经济实用的方法，尤其是在直接接触和拓展接触受限的情况下变得更加有用。例如，如果让"城里人"想象与农民工进行积极互动的情境，那么可能就会在一定程度上降低"城里人"对农民工的偏见或歧视，进而促进这两大群体间和谐相处。这种想象接触一般都是通过个体训练达成的，但有时也可以通过集体训练达成。例如，可以通过报纸在某一版面专门报道一些关于"城里人"与农民工和谐相处的事迹，还可以通过电视在某一固定时间段呈现群体间积极互动的新闻，从而改善"城里人"对农民工的态度，达到降低对农民工偏见的目的。

综上所述，增进群际和谐的社会心理学路径主要包括调整社会认同和增加群际接触的方法。从调整社会认同的思路来看，主要是通过改变群体身份认知、增加社会身份的复杂性和包容性来改变对原有外群体的偏见，从而促进群际和谐；从增加群际接触的思路来看，主要是从群际互动和社会行动方面来说的，通过直接的、拓展的和想象的群际接触方式来改变对外群体的原有经验和认识，从而形成对外群体的积极态度。当然，在促进群际和谐的实践中，可以同时采用调整社会认同和增加群际接触的方法，改变人们对外群体的认知和经验，形成积极的群际态度和行为，共建和谐社会。

# 第三章 转型时代的社会心态与社会心理研究

## 第一节 社会转型与社会心态研究

中国社会转型受到社会科学界的高度关注，研究者一方面关注世界正经历的社会大转型，特别是关注从20世纪90年代东欧剧变以来，中国走着不同于俄罗斯、东欧国家的社会变迁的路径而取得了经济快速增长的结果（乌斯怀特、雷，2011/2005：1-26）；另一方面关注改革开放30多年来中国社会经历快速转型中不同层面的问题，或将转型置于传统与现代的维度予以分析（林默彪，2004），或把社会转型看作社会发展的过程（吴鹏森，2006），或着眼于国家层面政治、经济制度的改变（孙立平，2005；金正一，2009），或强调社会结构的转变（李培林，1992），或关注转型中"人"的转变（王雅林，2003）。阎云翔（2011：1）指出，当代中国研究经常采用转型的视角，市场化、私有化、民主化和世俗化等是研究这些转型最常用的范式。他用个体化的概念来说明个体崛起使得公共权力对家庭的影响力削弱，社会关系的结构发生了变化，随之改变的是人们的心理。

但是，在社会转型的研究中社会心理学的研究却很贫乏。究其原因，与国内主流社会心理学接受的是美国社会心理学体系有关，社会心理学研究习惯于把美国社会心理学的问题看作普适问题，很少有人从国内社会现实问题中提出问题、提炼概念、发展理论，并面对和解决现实问题，更少触及社会转型的问题。这个问题也是美国社会心理学之外的普遍问题。如莫斯科维奇就曾指出:"美国社会心理学所取得的真正进展并不在于实证研究或理论建构方面,而在于它将自身社会的紧迫问题作为研究的主题和理论的内容。除了方法技术上取得的成就,美国社会心理学的主要成就在于将美国的社会问题转化为社会心理学语言,并将其作为科学探索的对象。因此,如果我们所能做的仅仅是怀着比较研究的目的来吸纳那些来自美国的文献的话,那么就只是接过了另一个社会的问题和传统,就只是以抽象的方式去解决美国社会的问题,因此也就退居于一个狭隘的科学研究的领域当中了,与我们自身所处的社会相脱离使我们对之毫无兴趣。"(莫斯科维奇,2011/2000:90)

社会心理学缺乏对转型社会研究的另一个原因是主流社会心理学本身缺乏宏观社会心理的研究,多数研究停留在"个体"层面或群体层面。奥尔波特(Allport,1968:3)宣称:"社会心理学试图理解和解释个体的思想、感情和行为怎样受到他人的实际的、想象的或暗示的在场的影响。"奥尔波特认为:"没有一种群体心理学在本质上和整体意义上不是个体心理学。"(Allport,1924:4)莫斯科维奇认为主流的社会心理学把社会理解为个体的相加,实质上否认了"社会"心理的存在,他认为社会心理学是"社会科学",而主流社会心理学把社会心理学理解为"行为科学",关注的是个体在他人在场下的行为。"我们应当将行为置于'社会'当中,而非将'社会'置于行为当中。"(莫斯科维奇,2011/2000:123-124)豪格和阿布拉姆斯(2011/1988:16)也指出,这种把社会心理还原为个体心理的还原主义是社会心理学危机的根本原因。因此,转型社会的社会心理研究必须从找回社会心理学的"社会"入手,社会心态(social mentality)作为一种新的研究范式就是这样一种探索。

社会心态的提出是对传统社会心理学研究的批判,也是对社会心理学传统边界的扩展。社会心态研究关注当下社会现实,具有很强的社会问题意识,并从个体、群体和社会的不同层面和层面间的关系综合探讨社会心理。多年来,社会心态研究一直受到学术界的关注,出现了一些探讨社会心态概念、结构和机制的研究(杨宜音,2006;马广海,2008;王小章,2012a;吴莹、杨宜音,2013;王俊秀,2013a、2013b),也出现了一些对不同群体社会心态和典型社会心态特点的研究（李培林，2001；马广海，2012；应小萍，2012；杨洁，2012），以及对社会心态进行指标分解和测量的系列研究和年度出版物（王俊秀、杨宜音，2011、2013）。值得注意的是，与传统社会心理学的研究不同，社会心态研究更关注社会变迁和社会转型问题，出现了不少探讨社会转型与社会心态的研究，涉及的问题包括：改革与社会心态（王铁等，2005；徐胜，2009）、社会转型与社会心态特点（景怀斌，1989；周晓虹，2009；刘东超，2004；龙书芹，2010；侯晋雄，2006）和针对"中国经验"提出的社会心态概念——"中国体验"来解释社会转型中中国人在价值观、生活态度和社会行为模式方面的变化（周晓虹，2012；王小章，2012b；成伯清，2012）。虽然社会心态研究非常重视社会转型与社会心态间关系的研究，也提出了一些很有启发性的概念，但是就目前的研究来看，研究者关注更多的是社会转型中的价值观的变化（周晓虹，2009；景怀斌，1989；王小章，2012a）。也有学者指出，社会转型实质上是社会结构、社会运行机制和社会价值观念的转型（洪大用，1997）。但从社会心态角度来看，社会转型带来的人们的精神变化不仅仅是价值观的变化，社会需求也随之发生变化，如有研究发现，社会转型带来的阶层意识已经成为影响人们需要的重要因素（高文珺等，2013）。同样，社会价值、社会情绪等也都随着社会转型发生着变化。因此，对社会转型中社会心态的分析和解释应该能够反映在社会价值观念、社会需要、社会认知和社会态度、社会情绪和社会行为特点等方面的较为全面的和具有一定结构性的特点。

社会心态既包括一个时期作为历史片段的相对静态的社会心理特点，也包括在历史长河中社会心理的演变。社会心态既具有一定的普遍性，也具有一定的地域性，更因不同的文化、亚文化的影响而具有其特异性。社会心态倾向于一个社会整体或占一定比例的成员表现出的一致的社会心理特点。社会心态既包括一些稳定的、内在的社会心理特点，也包括一些暂时性的、变动的社会心理特点。社会心态是在一定时期的社会环境和文化（包括亚文化）影响下形成的，并不断发生着变化。社会中多数成员或占一定比例的成员表现出的、普遍的、一致的心理特点和行为模式，并构成一种氛围，成为影响每个个体成员行为的模板。因此社会心态既是社会转型的反映，也是影响社会转型的力量；社会心态概念既包括转型过程中的心理特点、社会现象，也包括社会转型带来的社会共同的心理变化和特点。

## 第二节　社会心态在西方的演变过程

几乎所有的关于社会心态研究兴衰的历史讨论，都涉及社会心理学学科本身的变动与范式转换。其间的观点无非是在 20 世纪初，随着欧洲传统向美国传统的转变，凭借着以 F. 奥尔波特（Floyd Henry Allport）为代表的实验社会心理学的崛起，心理学的社会心理学成为北美社会心理学独一无二的主流。与此相应，原先在欧洲社会学中十分活跃的、被莫斯科维奇（Serge Moscovici）称为"第三共和国知识主流之一"（莫斯科维奇，2006：85）的群体心理学和勒庞的思想逐渐边缘化，其核心概念和知识构成——"社会心态"也开始被人们淡忘，以致"在社会心理学百年学科史当中，'社会心态'并不是一个积累了很多研究成果的领域"（杨宜音，2006）。

仅就细节而言，以上表述基本准确地描述了社会心理学内部的分裂，以及关注"个体中的群体"（即个体行为的社会背景）的社会学传统如何日渐式微，和关注"群体中的个体"的心理学传统如何走向"一家独大"的历史。但是，要完整地解释社会心态研究的兴衰，或社会心理学中"群体心理学"及倡导群体（社会）研究的社会学传统的兴衰的真实原因，仅仅依靠对社会心理学内部两种传统此消彼长的学科史解释是远远不够的。美国社会心理学缺乏宏观社会心理研究不假，但应该追问的是，同样处在社会转型的大变动中，何以美国社会心理学就会对转型熟视无睹，忽视包括"社会心态"在内的宏观社会心理问题？事实上无论是关注大群体与社会的欧洲早期社会心理学，还是关注个体的美国主流社会心理学，都不过是孕育其成长的本土社会文化环境的产儿。从这个意义上说它们都没有忽视自己的社会转型实践，只是一方是"群体"或"社会"，另一方是"个体"，成为转型所关注的焦点或问题之所在；同样也正是两种社会转型所关注的焦点或问题不同，才最终导致了两种社会心理学不同的历史境遇。

## 一、群体社会化转型过程

自 17 世纪甚至更早,欧洲社会就开始了被称作"现代化"的社会变迁或转型历程,这些变迁的核心就是 18 世纪和 19 世纪欧洲发生的"两次大革命"(Giddens,1982:46)。如果说英国工业革命影响到其后数百年间的经济发展,那么法国政治大革命则彻底改变了整个世界的政治制度、社会秩序和意识形态,并因其是"真正的群众性社会革命"(霍布斯鲍姆,2014:65),才会导致不同的社会群体走马灯似的一个个轮换登上风暴的中心,并使一波接一波的革命热潮及对革命的恐惧迅速由法国传播到整个欧洲,以致"1789 年由一个单一国家掀起的革命已演变成整个欧洲大陆的'民族之春'"(霍布斯鲍姆,2014:130)。

法国大革命摧毁了旧有的社会秩序,而"当我们悠久的信仰体系崩塌消亡之时,当古老的社会柱石一根又一根倾倒之时,群体的势力便成为唯一无可匹敌的力量"(勒庞,2005:2)。在其冲击下,"个人的暴政为集体的暴政所取代,前者是弱小的,因而是容易推翻的;而后者是强大的,是难以摧毁的"(勒庞,2004:235)。此后,群体或勒庞所说的"乌合之众""群氓"(the crowd)开始成为霍布斯鲍姆(Eric Hobsbawm)所说的"革命"的那个时代的首要问题,以致莫斯科维奇干脆将那个年代称为"群氓的时代"(莫斯科维奇,2006)。

就学科史而言,我们曾经指出"西方社会学的出现最初乃是对法国大革命及革命造成的旧社会秩序崩溃后果的消极回应"(周晓虹,2002:18)。毫无疑问,法国大革命中的群体及其暴行(所谓"多数人的暴政")给整个 19 世纪留下了挥之不去的阴影,不仅托克维尔描述过革命及向专制复归的复杂心态(托克维尔,1992),莫泊桑也描述过"一种相同的思想在人群中迅速地传开,并支配着大家"的革命心理,并直言不讳:"我对群体有一种恐惧。"(莫斯科维奇,2006:20-21)塔尔德同样认为,因为群体常常将自己想象为受害者,因此他们往往会采取"最恶劣的暴行"(莫斯科维奇,2006:218)。无独有偶,"勒庞(也)受着这场大革命的纠缠……他对法国大革命的社会心理学研究,往往是因为他看到了 19 世纪法国的群体生活而对历史的回顾"（墨顿，2005：20）。可以说正是连续不辍的革命浪潮，最终使勒庞以集体心理或社会心态为主题，出色地论述了包括"借助语言和口号的魔力，用新的神祇取代了旧的上帝"的"雅各宾心态"（Jacobin Mentality）在内的种种革命时期的心理状态，是如何"主导了法国大革命中的人们"（勒庞，2004：70、67）。

欧洲学者对社会心态及集体心理的关注热情，不仅体现在涂尔干、列维·布留尔等法国社会学年鉴学派使用"集体表象"（collective representations）概念来表征集体心理，以及德国社会学家卡尔·曼海姆欲图通过"具有破坏现存秩序的各种纽带功能"（Mannheim，1936：185）的"乌托邦心态"来讨论集体生活，而且渗透在心理学家的研究论域之中：不仅荣格提出过与"集体表象"十分相似的"集体无意识"（Jung，1924：216）概念，而且"有野兔一样竖着灵敏的耳朵的犹太人"弗洛伊德，原本关注个体无意识，却因19世纪的革命、20世纪初的战争及随后而起的"反犹主义"浪潮，同样对"怒火中烧的群众的力量"（莫斯科维奇，2006：301）不寒而栗。最后，那个一直被视为心理学的社会心理学之鼻祖的麦独孤，其1908年出版的《社会心理学导论》"也只是对塔尔德力求解释集体生活的主张的一次回应而已"（Pepitone，1981）。

## 二、个体社会化转型过程

同欧洲相比，作为一个移民社会，美国缺乏悠久的历史和传统，也没有封建主义和专制统治，因此，美国没有经历欧洲尤其是法国那样的政治大革命，它们的近代社会转型是与工业革命齐头并进的。如果说，离乡背井的移民在用自己的脚告别过去的同时，对未来也投出了信任票，那么能够想象的是，这个对自己和对命运都深信不疑的群体，自然会形成富兰克林描述的那种"个人凭借进取精神获得成功"（贝拉等，2011：40）的"美国梦"。最后，伴随着这场转型，"由于地理条件优越、历史的培育和哲学的论证，他们把依靠自己提高为哲学信条，而个人主义最终竟变成美国主义的同义语"（康马杰，1988：38），以致在法国大革命的影响下成长起来的托克维尔，能够最早敏锐地发现，因为民主社会推崇人人平等，也因为物质的丰富，个体最终登上了美国的历史舞台。而个人主义这种"成熟而心安理得的情感"（Tocqueville，1945：98），既是一种让人嫉羡的"心灵的习性"（habit of heart），同时也孕育着使民主社会最终走向专制的危险。

托克维尔的敏锐使得个人主义后来成为讨论美国文化的主题（Lasch，1978；贝拉等，2011），事实上它也左右了社会学和社会心理学从欧洲传统向美国传统的转变。美国人罗斯（Edward Ross）和后来也移居美国的麦独孤，这两位1908年缔造社会心理学的奠基者很快遭到冷遇，原因多种多样，但最重要的恐怕还是伴随着"个体"的登场，"群体"尤其是阶级、民族、集群这样的大群体已黯然退场。如佩皮通所言，此时，尽管美国各种社会心理学理论相互攻讦，但"它们在一个纯理论的观点上仍达成了共识，那就是——个体是唯一的现实"（Pepitone，1981）。

一开始，作为欧洲思想的二传手，那些鼓吹集体心理的学者如罗斯、麦独孤以及吉登斯（Anthony Giddens）（类意识），萨姆纳（William Sumner）（习俗）活跃异常，但很快就遭到了个体主义者的"封杀"：F. 奥尔波特坚信，国民性、共济会纲领、天主教教义以及诸如此类的东西并不是在某个个体成员身上得以表现的所谓群体心理，而是在每个个体心理中不断重复的一系列观念、思想和习惯，它们仅仅存在于个体心理之中（Allport，1924：4），因此所有关于"群体心理"的理论都不过是群体心理学家们杜撰的"群体谬误"（the group fallacy）而已。进一步地，F. 奥尔波特确立的个体主义立场（萨哈金1991：166）获得了此时被引入社会心理学的实验手段的支持。正是凭借着个体主义、实验主义，以及在社会科学的成长过程中一直标榜的实证主义，F. 奥尔波特最终解决了社会心理学作为一门合法的经验研究学科的建立问题（Cartwright，1979；周晓虹，1993）。一直到20世纪60年代，"各种内在于个人的动力机制占据了大部分主导理论的核心，而除了唤起'刺激'或指导'认知'表达的功能，客观社会环境基本被排除在外"（Pepitone，1981）。与此同时，即使在逐渐边缘化的社会学的社会心理学中，对群体尤其是大群体研究的兴趣也同样淡出，代之以个体间的社会交换和互动研究。

## 三、个体与群体相互构建过程

社会心理学对群体或社会兴趣的再度复苏,与1968年席卷美国与欧洲社会的青年大造反运动以及作为其背景的"反战运动"有关。正是这场青年大造反运动,使得欧美社会处于激烈的动荡中,资本主义及与其相应的生活方式第一次遭受全面的抗议。面对日益严峻的现实,许多人呼吁社会心理学家"应该走上街头,迅速解决最迫切的社会问题"(伯克威茨,1988:4),遗憾的是,以个体主义为主导的实验社会心理学因为脱离了社会现实,无法为医治任何社会病提供良方。如此,明眼人都开始意识到"从实验室中的'社会助长'问题研究到理解校园内的动乱或国际仇恨还有很长一段距离"(墨菲、科瓦奇,1980:613)。这导致以往一直作为一般大众心目中的"宠儿"的社会心理学开始失去人们的信任,整个学科发生了自20世纪20年代以来的第一次危机,以致莫斯科维奇形象地说:"以1968年的'五月学潮'为标志的欧美青年运动,乃是一张石蕊试纸,它检验出了西方社会心理学的不成熟性。"(Israel & Tajfel,1972:19)

1968年的"造反"和1789年的"革命"一样,使群体重新浮现在历史的舞台上。正是在这样的背景下,原本处在半边陲地带的欧洲社会心理学家们首先发难(Israel & Tajfel,1972),并很快带动了美国社会心理学内部的叛逆力量(Cartwright,1979;Pepiton,1981;Parker,1989),他们对美国社会心理学中"社会"的缺场提出了激烈的批评。与此同时,原本满足于微观互动与交换探讨的社会学的社会心理学家们,也开始将注意力重新指向集体心理凸显其间的集体行为与社会运动(Smelser,1963;Tilly,1978)。

作为一种最为宏观和复杂的社会心理现象,社会心态的形成机制也必然异常复杂。在初步廓清社会心态概念,形成"个体与群体"相互建构的视角后(杨宜音,2006),进一步探讨社会心态这一宏观而复杂现象的特征、内部机制及其心理效应,将有助于发展出更为系统描述、解释社会心态的形成及变化的理论。

## 第三节　社会转型的社会心态研究范式

### 一、社会心态的分析水平和学科边界扩展

社会心态指涉的社会不同于传统社会心理学中的社会，社会心态的社会是现实中真实存在的群体和社会，其社会的内涵应该是社会学意义上的社会，如真实的群体、阶层、组织、党派、国家等。

社会学家乔纳森·特纳（2009：59-64）把社会现实分为三个水平。第一个是微观水平，主要是指面对面的人际互动。第二个是中观水平，包括两种不同结构类型的社会组织：社团单元和范畴单元。社团单元又分为组织、社区和群体三种基本类型；范畴单元是指社会区分，如年龄、性别、阶级和种族等。第三个是宏观水平，由体制领域、分层系统、国家以及国家系统构成。这三个层面的社会现实互相嵌套：人际互动嵌套于社团单元和范畴单元；社团单元和范畴单元嵌套于国家和国家系统。这种嵌套关系中较大的社会结构能限制较小的社会结构。中观水平的社团单元和范畴单元是由人际互动建立的，宏观水平的体制领域由社团单元的网络构成，分层系统由范畴单元的集合构成。最后，社会结构显示文化。

社会心理学家威廉·杜瓦斯（2011/1982：12-18）把传统社会心理学分为四种分析水平：第一种分析水平是个体内水平，主要关注个体的认知，以及对社会环境的评价，在特定社会环境中的行为，不涉及个体与社会环境的互动；第二种分析水平是人际和情境水平，关注发生在特定情境中的人际过程，而不考虑特定情境之外的社会位置；第三种分析水平是社会位置水平（群体内水平），不同的社会位置对特定情境产生影响；第四种分析水平是意识形态水平（群际水平），关注社会成员的信念、表征体系、价值观和规范。

鉴于此，我们认为，在微观水平上社会学只研究人际互动，而社会心理学继续延伸到个体内；在中观水平上社会心理学研究群体内的心理现象，而社会学把群体细分为两种结构的群体；在宏观水平上社会心理学的最高水平是群体间社会互动，而社会学则延伸到更为宏观的国家与国家之间，甚至全

球化的问题。与社会心理学和社会学相比，社会心态研究的分析水平主要是从中观水平到宏观水平的国家层面之间，但社会心态又是以微观水平为基础的。之所以把社会心态研究定位于以微观分析水平为基础，偏重于中观和宏观水平，是由于这样的分析可以从个体、群体、社会、国家等层面完整展现社会变迁和社会转型的过程，更好地研究社会心态、社会结构、文化的相互影响。

虽然社会变迁、社会转型和社会发展是社会学研究的核心内容，但社会转型研究又不是社会学单一学科所能胜任的，必须采取多学科的研究策略。关于这一点，学者们无论从社会学学科反思还是从社会转型实践中都得到了相同的结果。例如，在对中国社会学30年重建的回顾和反思时，（苏国勋、熊春文（2010）指出了传统实证主义社会学的局限，认为"社会现象是由人们行动造成的结果，它除了具有自然现象的表层实体结构，还具有自然现象不具备的深层意义结构，换言之，人们的行动是由不同动机驱使做出的，因此要对人的行动做出因果说明，必须首先对人们赋予行动的动机 - 意义做出诠释性的理解方能奏效"。他们批评实证主义社会学把社会现象完全归结为经验事实，完全排斥宏观理论，并贬低社会研究必然包含的预设层面中的形而上学问题。他们认为，"社会学研究是一架由因果性说明和诠释性理解双轮驱动的车子，两个轮子犹如人的两条腿，其中任何一个不可或缺。用费孝通的话说，就是要从'生态研究'进入'心态研究'，二者缺一不可"。

苏国勋提到的从"生态研究"进入"心态研究"是指费孝通在晚年提出的要扩展社会学传统界限的主张。费孝通（2003）指出社会学研究不应该把人的"生物性"和"社会性"对立起来，这二者是融为一体、互相包容的。社会学也要研究作为"人的一种意识能力"的"人的精神世界"。虽然社会学自身无法完成对人的精神世界的探索，但这种探索对于社会学理解人、人的生活、人的思想、人的感受，从而进一步理解社会的存在和运行，和对社会学的发展都具有重大意义。除精神世界外，他认为"意会"在社会学的"社会关系"中非常重要，他指出："一个社会，一种文化，一种文明，实际上是更多地建立在这种'意会'的社会关系基础上，而不是那些公开宣称的、白纸黑字的、明确界定的交流方式上。"他还提到了"讲不清楚的我"以及

"心"的问题。

20世纪90年代，费孝通（1994）在研究民族认同意识时，重新思考他的老师史禄国（S. M. Shirokogoroff）提出的Ethnos和Psycho-mental-Complex这两个概念："Ethnos是一个民族形成的过程，也可以说正是我想从'多元一体'的动态中去认识的中国大地上几千年来，一代代的人们聚合和分散形成的各个民族的历史。"他意识到自己原来并没有真正领会史禄国在Ethnos论中提出的，一直在民族单位中起作用的凝聚力和离心力的概念，更没有注意到从民族单位之间相互冲击的场合中发生和引起的有关单位本身的变化，而这些变化事实上就表现为民族的兴衰存亡和分裂融合的历史（费孝通，1997），这也正是社会心态与社会变迁和转型的作用过程。费孝通解释了把Psycho-mental-Complex翻译为心态的原因："Psycho原是拉丁语Psukhe演化出来的，本意是呼吸、生命和灵魂的意思，但英语里用此为词根，造出一系列的词，如Psychic，Psychology等，意义也扩大到了整个人的心理活动。晚近称Psychology的心理学又日益偏重体质成分，成为研究神经系统活动的学科。史氏总觉得它范围太狭小，包括不了思想、意识，于是连上Mind这个词创造出Psycho-mental一词，用来指群体所表现的生理、心理、意识和精神境界的现象，又认为这种现象是一个复杂而融洽的整体，所以加上他喜欢用的Complex一词，构成了人类学研究最上层的对象。这个词要简单地加以翻译实在太困难了。我近来把这一层次的社会文化现象简称作心态，也是个模糊的概括。"（费孝通，1994）

赵旭东（2010）认为史禄国Psycho-mental-Complex这个概念，"强调的是心理和精神层面的群体传承，这些传承是知识、实践以及行为，它们可以在代际传递，还可以从周围的人群中借得，甚至还可以由某个群体的成员自发地创造出来，其根本是指一个动态适应过程并通过心理层次的复合传递下去，史禄国因此将之称为Psycho-mental-Complex，另一方面为了强调这一动态适应过程，又称之为Ethnos"。他认为社会学和社会心理学对于心态的忽视是费孝通提出扩展学科边界的原因。"对Psycho-mental-Complex这一词，社会心理学家本来应该在这方面做出一些贡献，但由于过度地将心理与精神的内容还原成生理和大脑层次的解释，对于身体、意识和精神整体性的关注被排斥在正统社会心理学的研究领域之外,且社会学又因为过度追随制度和结构层面的分析而无暇顾及个体心理层次的精神世界,这些被忽略的应该就是费孝通所关注的人的精神世界范围。"(赵旭东,2010)无论是苏国勋所讲的人们行动的动机和意义,还是费孝通的"精神""意会""自我"这些"心"的方面,特别是费孝通晚年对于与"心态"相关的两个概念的追问,我们从中可以看出,社会转型研究必须扩展社会学学科边界,社会心态研究正是对社会心理学传统边界的扩展,实现与社会学的对话和对接,这样的探索无疑具有极大的价值。

## 二、社会心态的结构

以社会变迁和转型为研究重点的社会心态研究更强调社会心理的变化。依照稳定性,可以把社会心态的结构分为超稳定社会心态、稳定性社会心态、阶段性社会心态和变动性社会心态四个层次,如图3-1所示。在社会环境中,社会心态既有随社会变迁和转型而变动较快的、较明显的部分,如社会认知、社会感受、社会态度这些情境性、评价性内容;也有在一个时期内较为稳定的、表现为阶段性变化的内容,如社会情绪和社会信任等;还有较长时期内表现稳定变化非常缓慢的内容,如社会价值观念。社会心态中最为稳定的是社会性格部分,也就是英格尔斯(2012/1997:14)所讲的国民性(national character)或民族性(沙莲香,1992:2-3)。英格尔斯认为,国民性是指"一个社会成年群体中具有众数特征的、相对稳定持久的人格特征和模式",也称为"众数人格(model personality)"。台湾学者庄泽宣认为:"民族性系一个民族中各个人相互影响所产生之通有的思想、感情和意志,对个人深具压迫敦促的势力。"(沙莲香,1992:3)国民性是指社会性格,作为社会文化的体现,它是社会心态中最深层的也是最具动力性的核心成分。(孙隆基,2011:20-25)。这种观念明显受到精神分析心理学思想的影响,不同的是,它分析的是作为中国社会的心理特征,"良知系统"要表达文化影响下的社会演进,接近于一个"社会的超我",其文化的深层结构也可以理解为"文化潜意识"。

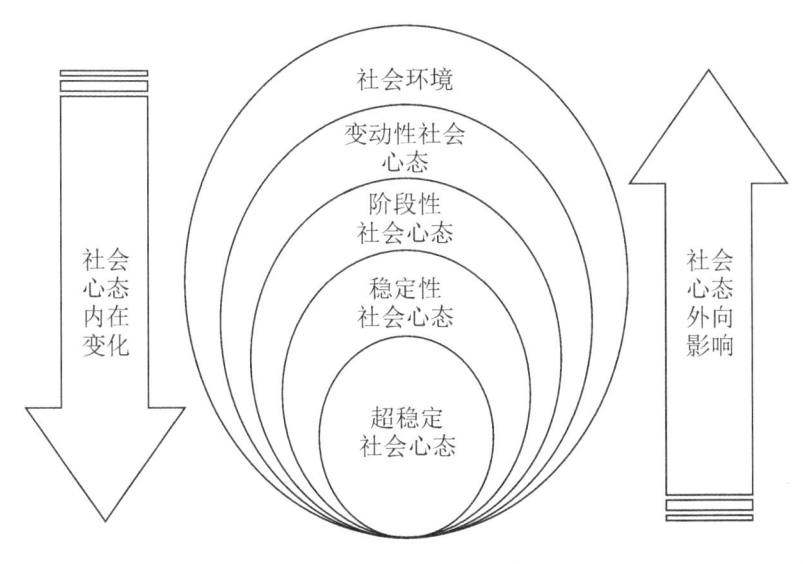

图 3-1　社会心态的结构

社会心态的四个层次是一个相互影响的过程，从外层的变动性社会心态到内层超稳定社会心态是一个逐渐内化的过程。社会心态的一些相对稳定的成分逐渐积淀为下一层的社会心态，但进入最内层的超稳定社会心态后，若要成为民族性格，成为文化层面的东西，则要经历漫长的过程。费孝通（2003）从个体与社会的关系阐释过文化的作用，他指出："'文化'就是在'社会'这种群体形式下，把历史上众多个体的、有限的生命的经验积累起来，变成一种社会共有的精神、思想、知识财富，又以各种方式保存在今天一个个活着的个体的生活、思想、态度、行为中，成为一种超越个体的东西。"与之相反的过程，最内层的文化和民族性对于稳定性社会心态具有支配和控制作用，稳定性社会心态如价值观等也会影响阶段性社会心态，而最外层的变动性社会心态也会受到最深层社会心态的影响，但更多会受到最接近的阶段性社会心态的影响。也就是说，从变动性社会心态、阶段性社会心态、稳定性社会心态到超稳定社会心态，由外而内，内在化的过程由快到慢；反过来，由内而外影响力逐渐减弱。社会心态并非作为一个独立体，被动受社会环境的影响，社会心态本身就是社会环境的一部分，而且就社会的心理构成来说是更大的部分，是一定社会范围内多数人的心理或占一定比例的成员的心理。社会心态随着社会变迁和转型而变化,它既是社会变迁和转型的推动者,同时也以其变化构成了社会变迁和转型的特征。

### 三、社会心态的测量

社会心态研究的目的是分析和描述宏观的社会心理,其最重要的策略就是尝试对被元素主义割裂的社会心理进行还原,把片段、条块的社会心理学概念和理论"拼合"为关联的、局部的或整体的社会心理学。

这样的过程是需要长期努力、不断积累的,而在研究方法上除了采用社会心理学的研究方法,也要借鉴社会学的研究方法。

近年来我们对社会心态研究的探索是尝试选取一些代表性的社会心理学或社会学概念,构建社会心态的指标体系,并曾提出从社会认知、社会情绪、社会价值和社会行为倾向四个方面考察社会心态的指标体系(王俊秀,2013a),笔者对此作了进一步修正,社会心态指标体系由五个一级指标构成,分别是社会需要、社会认知、社会情绪、社会价值观和社会行动。社会需要的下一级指标是个体需要和群体需要。社会心态更关注群体需要,它的下一级指标是基本需要和中间需要(多亚尔、高夫,2008:215)。对个体需要的理解采用的是马斯洛的需要理论(车文博,1998:556-557)。社会认知的下一级指标包括个体社会认知、群体社会认知和社会思维。社会心态更关注的是群体社会认知和社会思维;而群体社会认知的下一级指标是群体社会认知的结果,包括幸福感、安全感、社会支持感、社会公正感、社会信任感、社会成就感、效能感、社会归属感等。社会情绪的下一级指标是基本情绪、复合情绪和情感氛围。个体情绪由情绪的准备状态——核心情绪和初级情绪、次级情绪构成,在众多个体的互动和影响下形成一个社会特定时期的情感氛围,这是社会情绪的初级状态,而在一定事件和社会环境下群体和社会形成共享的情绪就是社会情绪。特定的社会背景下,社会情绪会表现为相对稳定的形态,逐渐积淀为一个社会在一定时期的情感文化(王俊秀,2013b)。其中,基本情绪采用了特纳(特纳、斯戴兹,2007:13)的基本情绪分类,分为满意-高兴、厌恶-恐惧、强硬-愤怒和失望-悲伤;复合情绪分为自豪、羞愧、嫉妒、仇恨、希望和懊悔等；情感氛围分为焦虑、怨恨、浮躁、愉悦、平静、郁闷和冷漠。社会价值观的下一级指标是个体价值观和社会价值观。社会价值观是一个社会表现出的对一些方面的社会性肯定，它是"隐含在社会结构及制度之内的一套价值，这套价值的持有使现有的社会架构得以保持。社会制度在这里包括社会化、社会控制、社会规范及社会奖惩等。它通过规范、价值、惩罚等，给个人带来外在压力，也通过社会价值的内化给个人带来就范的压力"（杨中芳，1994：321-434）。个体价值观是个体持有的对个人与周围世界关系以及维持个体生存的目标和理念，它包括人生观、财富观、道德观念、公民观念和权力观念等。社会行动包括经济行动、公共参与、歧视与排斥、攻击行为、矛盾化解、冲突应对、利他行为、道德行为、情感行为等。其中，经济行动是指考虑投入产出效益谋利的行动；公共参与行动是反映个人与社会关系的重要指标，是考察一个社会公民参与公共事务程度的指标；歧视与排斥行动是社会成员对某些社会成员或者群体持有负性的态度，表现为不容忍、不接纳甚至侵犯性的言行；矛盾化解行动是指社会成员在遇到矛盾时会采取的行动；冲突应对行动是指社会成员个体或群体之间发生冲突时首先采取的对策；利他行为是指社会成员的行为有利于其他社会成员和社会的倾向性，是助人为乐、慈善、志愿等行为的基础。而这些行为都可以分为理性行动和非理性行动两个类型，源于马布尔·别列津（2009：131）根据认知特点把行为分为理性行动和非理性行动。

  社会心态指标的选取是根据以往社会心理学、社会学研究的一些理论和成果，并考虑到社会心态研究的目的，以及这些年来社会心态研究实践的一些体会。当然社会心态指标体系的确定不可避免包含着研究者的主观性，而选取这些指标旨在借此揭示社会矛盾和社会冲突的状况及其原因，反映社会变迁和社会转型过程中社会心态的特点。就这一社会心态指标体系而言，二级指标或三级指标可以经过概念化、操作化后编制相应的量表或题目来测量；而其他的一些指标则需要根据研究的问题编制相应的问卷或量表，通过不断研究和积累，完善指标体系（见图3-2）。通过对这些指标的测量我们试图分析不同指标间的关系，通过对不同指标间关系的分析试图回答一系列的问题，如个体思维怎么成为群体思维、社会思维？社会共识如何达成？社会共识如何推动社会成长、社会发展和社会进步？社会情绪是如何联结社会认知、社会价值观和社会行为倾向的？个体情绪如何逐渐成为社会情绪？社会情绪是如何传染和传播的？目前主流社会价值观是什么？社会核心价值观念是如何形成的？社会价值观如何影响社会变迁和转型？中国传统文化下的价值观念与西方价值观念如何影响个体和社会价值观念？

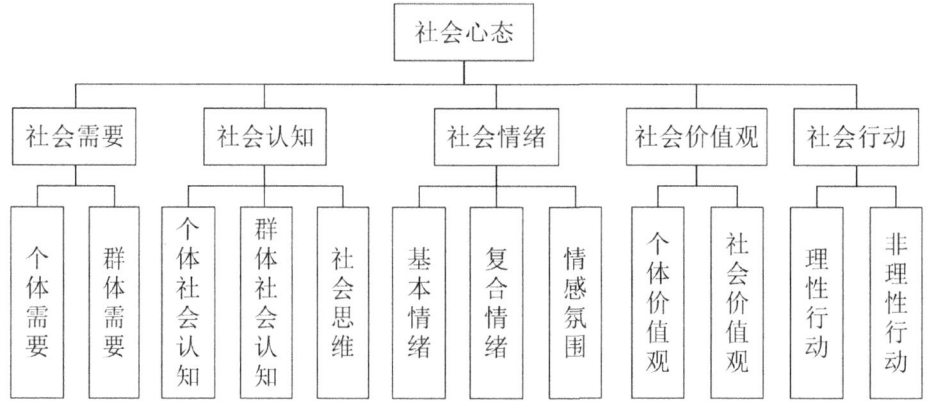

图 3-2　社会心态的指标体系

# 第四章 影响社会心态形成的主要心理机制及效应

## 第一节 个体与他人的共享现实性

社会心态是一种社会成员共享的心理现实性，它完全不同于物理的现实性。共享现实性是由人们与他人体验关于世界的内在状态的共同性的动机而形成的（Echterhoff，2012）。当社会的标准不明确时，特别是当社会变化剧烈，价值观和道德规范发生着改变，人们感到不确定因素增加时，个体会通过与他人分享社会标准形成的过程，从而创造和保持对意义或现实的体验，增加稳定感。社会互动依赖于共享现实性的获得，也受到它的规范；在互动中形成的共享现实性反过来也会规范个体的自我（Hardin & Higgins，1996：28-84）。实现共享现实性有四个基本条件：（1）一个主观知觉到的个体内在状态的共同性，而不是仅仅观察到外显的行为。所谓内在状态包括信念、判断、情感、评估事物的参照标准等。所以，人们要知道他人是"怎么想的"。（2）共享现实性指向某种目标，来自"现实"概念的含义。共享的现实，可以是某些社会态度、观点、价值观、兴趣、情感反应，也可以是对一些事情的评价标准。所有这些都需要有指涉的对象，而不是泛泛的或是表面的。（3）共享现实性一旦形成，内在的共同性就会被恰当地推动起来。这里强调了人们的共识是通过共享形成的这一动力过程，它包含了人们两个基本的动机，即认识的动机和关系的动机。认识的动机来自可靠和有效地理解现实世界的需要，关系的动机则主要是人们感受到与他人的联系的需要。（4）共享现实性会具有成功地与他人内在状态建立联系的体验。因而，会存在"言则信"效应，它说明共享现实性是通过人际沟通生成的。（杨宜音，2012）

早在1936年，Sherif就在"游动光点"实验中发现了这种自动效应。他利用视错觉做了一个实验研究，发现被试根据自己的体验判断光点移动的距离受到共同参与判断的其他被试大声表达出的判断的影响，最终所有人的判断渐趋一致。并且，通过小组判断的过程，群体共识一经形成，每个单个的被试再度进行独立判断时，仍然会表现出这一共识对个人判断的约束力（Sherif，1936：91-92）。这说明，在我们的社会生活中，社会成员常常依赖他人来共同界定事情，采纳他人的意见（Andersen & Chen，2002：619-645）；并且，他们往往会自愿接受群体的结论，认为这是一种共识。特别是在信息暧昧不清、情况相对紧急、别人可能是专家的特定情景中，人们更容易通过相互的认可，形成观点、态度的规范，并接受这些观点或态度。

Hardin和Higgins从沟通、自我规范、刻板印象、态度改变、群体过程等现象中总结出共享现实性的前提、功能和后果。他们指出，正是关于目标物的相关情况不够清晰或者不确定，促成了共享现实性的形成。在一些紧急的条件下，共享现实性建立了现实表征的可靠性和有效性。人们会认为，这些与他人共享的表征是可以相对稳定的，也是在其他人头脑中形成的。共享现实性的功能就在于它生成社会成员看待社会和表征社会的一种心理基调和底色（render）（Hardin & Higgins，1996：28-84）。这就导致人们会产生他人的判断、认识是可靠的这种信任感，潜在地形成和保持了人与人之间的联系和相互依赖，它（这种结果的产生）正是社会共享现实性带给人们的。Echterhoff和Higgins等人将信任、内外群体及信息是否被确认等因素引入"言则信"的研究模式，发现当评价信息在听众中被确认，且听众的身份为内群体成员时，听众评价对人们记忆结果的改变更加显著。另外，当人们对听众的判断更加信任时，他们的记忆结果也会明显改变，由此可见，共享现实需要满足可信性和有效性这两个前提条件，即建立在分享和沟通基础上的对其他社群成员判断的信任和对他人判断的确认（Echterhoff, et al, 2005：257-276）。

共享现实这一概念对于宗教、文化、经济、群体认同、群际关系中发生的心理现象也有很强的解释力。因而，Higgins 等研究者认为，共享现实性对于人们形成"我们是谁""我们真正想要什么"的价值观、政治、道德和宗教的信念等具有重要作用。借此，人们可以避免更多的生活不确定性和不稳定性（Hardin & Higgins，1996：28-84）。

## 第二节　个体与社会相互的动力建构

作为一个过程，社会心态被社会成员建构，包括生成、改变、沉积、诱发等复杂交错的阶段。社会心态反映的是个体的宏观社会特性，是个体与宏观社会的联系性，是个体与宏观社会相互建构的产物，并以其孕育的生生不息、复杂多变的心理事实而被人们感知到。社会心态的这种生成、改变、沉积、诱发的动力过程不断作为个体、群体社会行为的背景和心理场域，作为内化为个体生存所依赖的社会适应中的选择定向，潜在地引导、诱发、推动、提供、限制着个体的心理活动。同时，作为一种表征体系，社会心态并不完全是不可言说和不可记录的，它总是透过个体、群体的行为和言语被彰显和感知。这种表征通常还会与社会的结构紧密联系在一起，反映在不同的人群和类别中，表现为一定的人群和类别的共享的默会之知，或者说是刻板印象和观念。

在社会心态的动力建构模型中，第一，社会心态被定义为一种弥散的社会心境状态，由社会情绪基调、社会共识和社会价值观构成，被社会成员共享，且体现在诸如流行语、时尚、观念等表征中，成为社会成员相互比较、沟通、合作的背景和基础。第二，不同社会心理群体具有不同的社会心态，在某些方面也可以是跨层次的。第三，通过社会成员之间的相互认同、沟通和感染，社会心态得以传递而形成影响。第四，社会心态的感知、参与和传递，也接近"共享现实"的特性。第五，个体不同的特质作为边界条件和调节变量调节社会心态作用于个体行为的过程，其中，个人价值观与社会价值观的吻合程度和个人易感程度尤为重要。

## 第三节　个体心理与行为之间的向上与向下模型

社会心态与个体心理和行为之间的关系，可以从两个层次（上层和下层）及其方向作用关系的模型来理解。它们之间相互验证、相互作用。这也是社会心理学两个重要的也是基本的解释水平。

### 一、向上模型

向上是指社会心态由个体自下而上汇聚而形成的整个社会或社会中的一些群体间弥漫的心境状态。在社会心态的描述中，往往采用社会态度的调查数据来表达。这些数据一般是量尺分数加总平均后得到的均值或人群的累积百分比。通过这些数据，推测某种社会心态表征在社会人群中的共享程度。如果社会成员中的大多数人具有某种社会心态特征，那么可以假设，这种社会心态会很容易被人们所感知和识别出来。

假设个体融入社会的机制可以有四条通路：态度、情感、需求及其满足（感）、个性。个体的融入和汇聚，最终会形成超越个体的共享的心理现实，成为现实社会的有机组成部分。而个体的融入，从深层看，还是一个个体价值观与社会价值观（文化价值观）融合互动的过程，它深刻引导和定向了个体的社会态度、情感、个性和国民性向着社会的共识、社会整体的情绪基调、社会的一体感和归属感、文化性格的一体感的方向发展，并相互强化和调整（见图4-1）。在这里，我们着重讨论社会心态形成的机制——社会卷入与社会关联。如图4-1所示，我们将个体与社会的联系操作化为四条路径或通路。

#### （一）社会认同

社会认同是个体将自身归属于某个类别或群体的心理过程。研究发现，当一个个体将自我与一个类别建立心理联系之后，就会形成对该类别的认同，并因此与该类别以外的人或其他类别形成积极的特异性，并形成"我们"概念。个体所认同的类别被称为内群体，而其他类别被称为外群体。这一个体与类别建立联系的心理过程被称为"自我归类过程"。

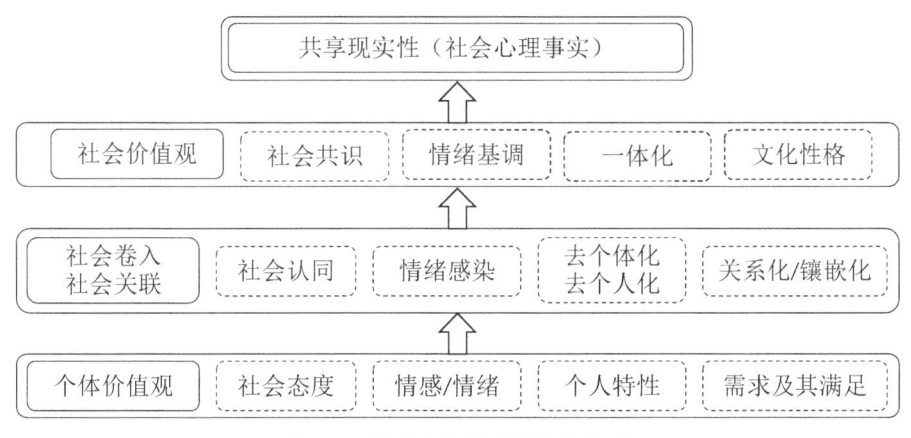

```
                    ┌──────────────────────────┐
                    │   共享现实性（社会心理事实）   │
                    └────────────▲─────────────┘
                                 │
  ┌─────────┬─────────┬─────────┬─────────┬─────────┐
  │社会价值观│社会共识 │情绪基调 │ 一体化  │文化性格 │
  └─────────┴─────────┴─────────┴─────────┴─────────┘
                                 ▲
  ┌─────────┬─────────┬─────────┬─────────┬─────────┐
  │社会卷入 │         │         │去个体化 │         │
  │社会关联 │社会认同 │情绪感染 │去个人化 │关系化/镶嵌化│
  └─────────┴─────────┴─────────┴─────────┴─────────┘
                                 ▲
  ┌─────────┬─────────┬─────────┬─────────┬─────────┐
  │个体价值观│社会态度 │情感/情绪│个人特性 │需求及其满足│
  └─────────┴─────────┴─────────┴─────────┴─────────┘
```

图 4-1　社会心态形成的向上模型

这种通过自我归类而形成的身份认同过程一般会带来两种心理效应。其一，成员身份的原型化。当个体经过自我类别化，建立了与群体的心理联系之后，往往以为自己具备内群体成员的典型特征，也认为其他内群体成员也与自己一样，具有典型的内群体成员特征。在很多场合，人们倾向于认为自己是内群体的代表。这被称作"自我刻板印象化"。其二，内群体偏好（即"喜欢我们自己"效应）和群体自尊的提高。形成"我们感"以后，就会很盲目地喜欢内群体成员。其逻辑是"是我们的人，就是可爱的人"。群体成员往往看不到本群体成员身上的缺点、错误，即便看到了也尽可能为其辩解，进行外部归因，形成为本群体服务的归因偏误。相反，对外群体也会形成归因偏误，在对立的情况下，经常会对外群体的缺点、失败进行内部归因。

社会认同过程使个体与群体或类别建立起心理联系，形成了一体感和我们感，共享着类似的社会心态，并且以这样的心态建立起群体内外的区隔。例如，仇富、仇官的心态往往伴随着人们对与之相对应的"工薪阶层""低收入群体""弱势群体""下层"等模糊的类别认同而生成。

(二) 情绪感染

情绪是个体心理过程的重要组成部分，也是影响个体态度与行为的重要方面。研究不断证实，情绪可以在个体间传递、蔓延，由此在组织或群体内产生成员共同分享的情绪集合，即群体情绪（Barsade & Gibson，1998：81-102）。情绪感染是指个体或群体通过有意无意的情绪状态和态度行为影响其他个体或群体的情绪和行为的过程。这是因为个体在互动中会自动持续地模仿他人的表情、声音、姿态等，经过情绪的感染，情绪得以传递和复制，进而成为散在某一情境或时段的状态。

Barsade 和 Gibson 还提出了"情绪热量"的概念。这是指社会成员将他们自身的情绪或感受带到群体和社会当中，通过不同社会成员之间的交流、酝酿、传递，最后形成超越自身情绪状态的社会情绪，每个社会成员再分享这种情绪。作为个体的社会成员的情绪此时被校正、被去个人化，也被强化，例如巨大的"喜悦""振奋"以及"豪迈""同仇敌忾"等（Barsade & Gibson，1998：81-102）。这样的社会情绪状态包容和消解了个体情绪，但也重构了个体的情绪，将个别的社会成员与整个社会紧紧联系在一起。情绪感染涉及的心理机制比较复杂，包括模仿-反馈机制、联想-学习机制、语言-调节联想机制、认知机制、直接诱导机制等（杨颖，2012）。

### （三）去个体化与去个人化

"去个体化"是指个人在群体压力或群体意识影响下，导致自我导向功能的削弱或责任感的丧失，产生一些个人单独活动时不会出现的失控行为。去个体化主要是身份的隐匿导致的责任模糊化。在身份不辨的情况下，个体受到外界约束评价、规范的压力减小，对自我的责任感减弱。去个体化在集群行为中出现较多。

"去个人化"是指当个体融入一个社会群体，感受到个体与其他社会成员同心同德，就会形成一个"大我"或"群体之心"，个体的差异性就会消失。这是社会认同，特别是自我类别化的一个心理产物。去个人化使个体保持与群体或集体的一致性，并不一定出现责任扩散的行为，反而可能因此增强群体的责任感，更好地实现群体目标。

"去个性化"与"去个人化"在有些场合会交织在一起。但是仔细分辨，还是可以看到二者在机制上的差异。

## （四）关系化与镶嵌化

"关系化"过程是中国传统社会所特有的，个体通过以亲属关系为蓝本、以尊亲为相处原则的交往而形成"自己人"感的过程。这一过程或是在先赋性亲属关系体系中按照"差序格局"保持或中断关系；或是在非亲属关系中，通过交往而建立拟亲属关系，将他人包容进入自我的心理边界之内，从而使"我"与"我们"通过"自己人"概念相互沟通和包容，达到"小我"与"大我"在一些情景下的混为一体，相反的过程是将他人排斥在自我的边界之外，而使"自己人"与"外人"区分开来。

关系化过程包含着浓重的伦理道德色彩，在传统社会中，它在资源分配、家庭及亲属关系维护和保持伦理秩序上有着重要的功能。但是，"关系化"的"我们"（即"自己人"）概念的几个特点，不能适应现代契约社会中"我们"概念的内涵。首先，包含在自我边界内的自己人，是被安置于上下尊卑的差序格局之中的，与个体自我的关系不是平等或同质的。因而，个体之间必然是远近亲疏各不相同。其次，"自己人"边界中包含哪些人，依赖于个体自我的选择。少则只有自己一个，多则包括家人、邻居、朋友、同族、同乡、同事，再多则包括国人甚至人类。

尽管个体有可能通过修身的引领，从齐家治国到平天下，完成从"小我"到"大我"的升华，但是，一旦社会文化情境发生变化或者个体道德修养不够，那么，个体的自己人范围就会很小，无法保证与他人合作共事。

最后，包含在自己人边界内部的人，并不是以与个体形成共同感情、共识或共同利益为必要条件，而是被动地"被包含"。因此，"自己人"并不以共识为基础。这样的"我们"概念，主要是在责任、信任和亲密情感上形成与"外人"的区别，主要功能并不在形成共有的一体感上。

通过关系化的途径，个体会将自身与差序格局中的一个层圈的人和感受联系起来，形成某种"自己人"感，并将自身所选定的层圈与其他层圈区分或对立起来。层圈中的人并不都具有同质性，并不必然具有相同利益、目标和感受。这就是关系化与社会认同的类别化机制的不同之处，是一个更具有中国文化特色的社会联结机制。

所谓镶嵌化，是指在同一社会结构中每个成员的功能是无可替代的。既不是因同质而形成的类别群体，也不是其中一个成员以自己为核心对其他成员的包容，即通过"关系化"来凝聚的群体，而是由于一个共同的目标，各自为实现共同目标提供必要的、独特的贡献而结成的共同体。

所有的成员对这个共同体来说都是独一无二、缺一不可的。因而，所有成员都必然相互依赖，有机结合。当所有成员无论贡献大小都不可或缺时，成员的平等性就可以得到保证。这样的"我们"构成机制其结果就是一种"和而不同""多元一体"的状态。就像拼图中的每一块图板和整幅图画的关系，缺少任何一块，就不能完成整幅图画，因此称之为镶嵌化"我们"感形成的机制。中国传统文化虽然不是一种强调契约权利的文化，却是强调整体与个体关系的文化。整体性思维为镶嵌化的"我们"概念的形成提供了一定的条件。

## 二、向下模型与互动模型

当某种社会心态逐渐形成后，它就会作为一个整体自上而下影响个体和群体的社会心态，这就是向下模型。由于具有整体性的力量，这种社会心态对个体心理与行为的影响比较大，正如社会心理学家麦独孤1920年已经深刻指出的（杜瓦斯·威廉，2011：3）。

社会整体在任何时候都拥有一些非源于组成该社会的各个体的明确特性；而这些特性又使得社会整体以一种非常不同于社会个体间彼此互动的方式对个体起作用。进一步讲，每一个个体，当其成为某一群体成员时，就会展现出某些潜伏的或者潜在的，只要置身于该群体之外便不会展现的特性或者反应方式。所以，只有把个体作为总体生活的元素来研究，我们才可能发现这些个体的潜能。也就是说，社会整体也有自身的独特性，是一个实在的整体，在很大程度上决定了其组成个体的本质和活动方式，社会整体是一个有机的整体。社会整体拥有心智活动，这种心智活动并不是组成社会整体的各自独立单位的心智活动的简单加总。

我们可以用图4-2予以说明。向上模型与向下模型的结合，就可以视作个体与社会层次之间的互动,而上下互动则建构出整个社会的心智活动——社会心态,从而个体的心智活动本身亦得到社会性的解释。

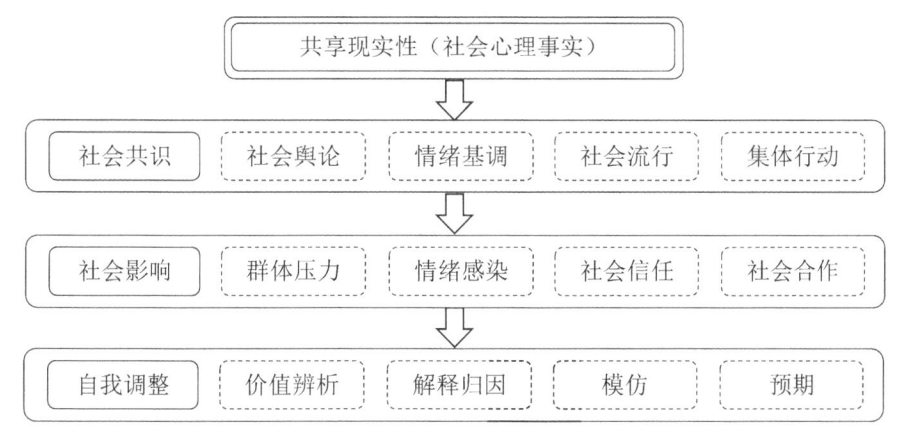

```
         ┌─────────────────────────┐
         │  共享现实性(社会心理事实)  │
         └─────────────────────────┘
                      ↓
  ┌──────┬──────┬──────┬──────┬──────┐
  │社会共识│社会舆论│情绪基调│社会流行│集体行动│
  └──────┴──────┴──────┴──────┴──────┘
                      ↓
  ┌──────┬──────┬──────┬──────┬──────┐
  │社会影响│群体压力│情绪感染│社会信任│社会合作│
  └──────┴──────┴──────┴──────┴──────┘
                      ↓
  ┌──────┬──────┬──────┬──────┬──────┐
  │自我调整│价值辨析│解释归因│ 模仿  │ 预期  │
  └──────┴──────┴──────┴──────┴──────┘
```

图 4-2　社会心态形成的向下模型

向下过程中重要的通路是社会影响,包括服从、依从、从众、合作等过程。而自我调整则衔接了个体的心理(包括深层的价值观和信念等),从而形成向上的过程,最终成为一个互动的环状关系。在社会变迁剧烈、不确定性增加的情况下,个体保持与社会群体的一致性是获得安全感和稳定感的重要策略,然而,个体不能简单地服从社会,需要对其作出解释和判断,因而价值辨析、归因解释就是不可或缺的过程。在此基础上个体还会作出自己的预期,来调整自己的内心和行为策略。

## 第四节　核心机制与效应

### 一、社会心态的机制

一般可利用机械因果模型来系统化变量之间的关系。机械因果模型是解释现象的控制机制、中介机制和调节机制的模型。其中,控制机制是导致现象发生的原因变量,中介机制是前因变量与结果变量的中介,也就是前因变量对结果变量的关系建立,必须通过中介变量时,中介变量才成为必要的因素。前因变量直接导致中介变量,中介变量导致结果变量。当控制机制可能产生不同的后果时,便需要调节机制决定相同的前因变量会在何种条件下产生哪种效果。调节机制既可以调节控制机制与中介机制的关系,也可以调节中介机制与现象之间的关系。

在以往的研究中,人们已经发现了社会心态的一些机制。例如,"心理和谐"状况可以成为社会比较、核心自我评价及生活满意度的中介机制(张玉柱,2012:99-101)。"心理和谐"作为自我和谐、人际和谐、社会和谐和人与自然和谐的总和,反映了中国文化传统心理是对社会心态形成必不可少的因素。社会比较等因素要透过心理和谐的水平才能影响生活满意度。中介机制有可能是思维方式、价值观、自我构念等。调节变量有可能是一些心理变量,例如,预期的高低、社会身份认同的强弱、自尊水平的高低、成就动机的强弱等。同时调节变量也可能是一些人口学变量,例如,性别的不同、收入的多少、社会经济地位的高低、文化程度的水平、居住条件的好坏、消费偏好等。这些调节机制,可能调节了控制机制与中介机制的关系,使得二者的关系随着调节变量的水平而出现变化。

## 二、社会心态的效应

社会心态的形成过程会带来一定的社会心理效应。有几种是较为典型的,可简单归纳如下。

### (一) 汇聚效应

汇聚效应是指当社会中持某一种社会态度或观点的成员,经过各种媒体的沟通交流,逐渐形成共识时,会形成一种超越个体社会态度或观点的整体力量,即部分之和大于简单加总。汇聚的过程可以是滚雪球式的(时序性的),也可以是聚集式的(同时性的),还有可能是二者混合式的。在重要的社会事件发生时,不仅在空间上人们会汇聚在一起,而且在社会态度上人们也会汇聚在一起,从而形成一种共同的呼声和强烈的要求,进而导致出现较为一致的集体行动。

### （二）多数人效应与少数人效应

多数人效应通常也称为从众效应，是指当个体受到群体中多数人的影响（真实的或想象的压力）时，会怀疑、放弃、改变自己的观点、判断和行为，朝着与群体中大多数人一致的方向变化的现象。从社会认同理论的角度来看，个体在某个群体情境下成为判断和发表意见的少数人，因而也可以称为"少数人效应"。从少数人效应的角度看，从众是一种与他人保持一致的行为，但是其动机并不是一种压力导致的自我怀疑，而是维护群体、认同群体的动机使然。

无论从哪个角度来看，日常生活中发生从众现象的情况极为普遍。从众让人们感觉是便捷的（他人的选择肯定是有道理的）、安全的（法不责众）、有力量的（人多势众）。从众是社会心态形成和传播的重要机制，也是常见的心理现象。

### （三）群体极化效应

群体极化指在群体中进行决策时，人们往往会比个人决策时更倾向于冒险或保守，向某一个极端倾斜。特别是在阐述论点时，当一些人面对挑衅或者群体中冒险人数占多数时，人们的态度或者作出的决策会变得更为冒险甚至激进（冒险偏移）。在某些情况下，如果群体中谨慎保守人数占多数，作出的决策就比个人更保守，群体决策偏向保守一端（谨慎偏移）。在更多的情况下，群体观点比起个体的观点更容易偏向冒险的一端。一方面，群体极化能促进群体意见统一，增强群体内聚力和形成群体较为一致的行为；另一方面，它能使错误的判断和决定更趋极端。

群体极化更容易在一个具有强烈群体意识的群体内产生。在一定的社会态度和心理定式的影响下，人们经常从一些特殊的视角或者立场来对待事物，而这个视角或立场一旦确定，大家就很容易沿着同一方向提供更多的论点，而后去证明和强化这些观点的正确性。其结果，群体的意见就会变得更为激进、更为极端，而与群体中的每个人当初的想法相去甚远。

此外，在人际沟通中，存在着"言即信"效应，社会成员听到别人相信什么，通常就会调整自己的立场以符合主流方向（Echterhoff, et al, 2005：257-276）。而持不同看法的人容易保持沉默。

### （四）群体参照效应

群体参照效应是相对个体参照效应而言的。它是一种在认知过程中，选择所属内群体的信息作为自我定位的参照对象而形成的对个体心理的影响。大量的研究结果表明，人们在一些模糊情景下，会很自然地选择与自己具有相同特质的人进行比照。例如，年龄、性别、受教育程度、收入、消费水平、经历、国家、文化、价值观念等（张海钟、张鹏英，2013：9-43）。

### （五）皮格马利翁效应

"期望"是在预想基础上形成的一个指向这一预想的动机。当人们对结果有期望或期待时，就会引发某种行为，这被社会心理学家称为"自我实现的预言"。社会心理学家罗森塔尔把它命名为皮格马利翁效应。为什么会出现皮格马利翁效应呢？心理学家发现，预期可以通过自我暗示或他人暗示形成自我激励或他人激励，对激发与调动潜在的能力起到一定的作用。罗森塔尔研究中的小学生被试因为被研究者贴上"含苞欲放的花朵"标签，老师们就会对他们形成比较高的期望，从而不知不觉地对他们做出鼓励、帮助的举动。最终，这些被随机选出的孩子，因为被贴上的标签，就真的"绽放"了。如果一个社会中多数成员对自己的未来充满信心，必然会心态积极，将自己的心智力量指向工作和生活，朝气蓬勃，就可以不断克服困难，勇往直前，最终实现自己的预期。

社会心态的形成机制较为复杂，而对其研究的成果还相对较少。尽管相关的经验研究已经有了不少积累，但是理论上的探讨还远远不够，在这方面还有很多工作要做，也是未来研究的方向。

# 第二部分
# 社会心理服务

# 第五章 社会情绪

## 第一节 社会心态研究中的社会情绪

社会心态研究是近年来兴起的一种社会心理学研究范式,这种研究范式采取一种宏观的社会心理学取向,试图融合心理学、社会学的理论和研究成果,还原被心理学元素割裂的整体社会心理,对社会转型和社会变迁中的社会心理问题进行解释和探讨。尽管社会心态被不同学科背景的研究者们广泛使用,但在社会心理学领域,社会心态的轮廓渐趋明朗。尽管人们对社会心态的理解不同,但有一点比较明显,即人们在使用社会心态这一概念时,强调社会心态与社会转型、社会变迁的内在联系。我们可以把社会心态定义为在一定时期的社会环境和文化影响下形成的,社会中多数成员表现出的普遍的、一致的心理特点和行为模式,并成为影响每个个体成员行为的模板(王俊秀,2013)。目前,社会心态研究者对于社会心态的结构和构成要素及其内在机制、各要素之间的关系的表述依然缺乏,本章试图在借鉴心理学和社会学相关研究的基础上,对社会心态的核心要素之一——社会情绪的概念、结构和内在机制提出个人的观点。情绪是心理学最核心的概念之一,在社会心态研究中也一样,不同的是,社会心态研究更关注社会情绪。社会情绪是社会心态的重要成分,而且是具有动力倾向的核心要素。如图5-1所示,社会心态的核心要素包括:社会需要、社会认知、社会情绪和社会行为倾向。社会情绪是社会需要满足与否的直接体验,是社会心态动力特征的延续和体现,由内在的需要、动机、驱力激发,表现为外在的可感知的情绪,继承了心理的动力特征,在人际、群际互动和社会行动中成为社会心态的能量,推动和调节着社会的运行。

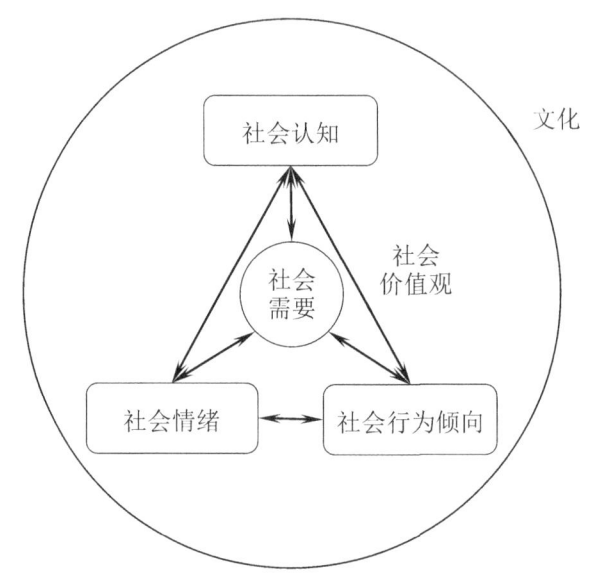

**图 5-1 社会心态的核心要素**

由于社会心态研究是一种宏观的社会心理学范式，这就使得社会心态中的社会情绪不同于心理学中的社会性情绪。社会心态研究范式包括微观、中观、宏观三个层次，因此，社会情绪也同样包含了个体情绪、集体情绪和更为宏观的社会情绪。社会心态研究范式的三个层次可以借由社会学、心理学对研究对象的不同水平的划分来表述。社会学家乔纳森·特纳（2009：59-64）把社会现实分为三个水平。第一个是微观水平，即面对面的人际互动。第二个是中观水平，包括两种基本结构类型的社会组织——社团单元和范畴单元。社团单元又分为组织、社区和群体三种基本类型；范畴单元是指年龄、性别、阶级和种族等社会区分。第三个是宏观水平，由体制领域、分层系统以及国家系统构成。社会心理学家威廉·杜瓦斯（2011：12-18）则把传统社会心理学研究分为四种分析水平：第一种是个体内水平，研究主要关注个体的认知以及在特定社会环境中的行为；第二种是人际和情境水平，关注发生在特定情境中的人际过程；第三种是群体内水平；第四种是意识形态水平，也就是群际水平，关注社会成员的信念、表征体系、价值观和规范。与社会心理学和社会学相比，社会心态研究的分析水平区间是从中观水平到宏观水平的国家层面之间（见图 5-2）。社会心态研究范式希望根据研究目的，选择不同学科、不同层面的理论来综合研究某些社会现象，或者就某个社会、区域进行综合研究，以期获得关于社会心态的全貌。

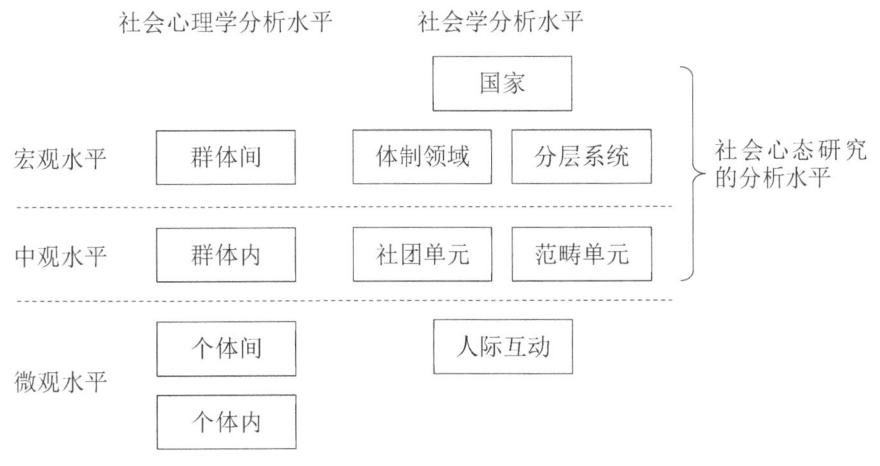

|  | 社会心理学分析水平 | 社会学分析水平 | |
|---|---|---|---|
|  |  | 国家 |  |
| 宏观水平 | 群体间 | 体制领域 / 分层系统 | 社会心态研究的分析水平 |
| 中观水平 | 群体内 | 社团单元 / 范畴单元 |  |
| 微观水平 | 个体间 / 个体内 | 人际互动 |  |

图 5-2　社会心态研究的分析水平

由于社会心态关注社会转型和社会变迁，因此也就特别关注社会转型和社会变迁的推动因素，而社会情绪正是社会转型和社会变迁的动力元素，它以情绪能量来体现。

## 第二节　社会情绪的概念

长期以来，心理学的情绪研究主要集中于个体水平，最近一二十年出现了比个体情绪更宏观的研究，出现了"社会情绪""群体情绪""集体情绪""群际情绪"等概念和研究。陈满琪（2012）总结出群体情绪研究的三种主要观点：第一种认为群体情绪是个体对某一特定群体或者社会成员所产生的情绪体验；第二种认为群体情绪是自我类别化为群体成员的个体所体验到的情绪；第三种将群体情绪的产生看成个体情绪的总和。前两种的情绪主体依然是个体，实质上还是个体情绪，是个体的群体身份、群体认同或社会认同被激活后的个体情绪反应，应该属于个体的社会性情绪。而第三种群体情绪涉及作为一个主体的群体共有的情绪，是最接近社会心态的社会情绪含义的。根据前面对社会心态分析水平的定位，社会情绪的主体和客体都应该是群体和社会。因此，社会心态研究中的社会情绪是指一定社会环境下某一群体或某些群体或整个社会多数人所共享的情绪体验。因此，社会情绪并非个体情绪的叠加或混合，而是个体之间、个体与群体之间、群体与群体之间互动的结果，从发展的历程看，也是一定社会、文化背景影响下的个体和群体的情绪反应。而且，社会情绪会逐渐形成较为内在的、持续的、稳定的社会情感。在这一点上，心理学很少涉及，应该借鉴情感社会学的成果。

社会学对于情绪、情感的关注，不同于心理学的生理唤醒、外显行为和体验，而是把情绪、情感放在更为宏观的情境和关系、社会和文化之下来考察。比如，社会学家戈登认为情感由身体感受、表达姿态、社会情境与关系、社会的情感文化四个要素构成。戈登认为，因为情感的社会学取向意识到情感产生于持久的社会关系之中，所以与心理学家比起来，社会学家的研究较多地关注持久的情感，比如爱和友谊，而心理学家则更多地强调愤怒和恐惧等短暂的情绪（特纳、斯黛兹，2007：26）。

社会心态研究中的社会情绪是一个群体和社会中多数成员共享的情绪体验，既包含了心理学微观层面的个体情绪，也包含了社会学中宏观的社会共有情绪。

## 第三节　社会情绪的构成

### 一、个体层面

个体情绪是构成社会情绪的基础，包括核心情感、初级情绪和次级情绪这些个体微观层面的感受。拉塞尔于1996年提出了核心情感的概念，他认为这是神经生理状态的基调，为个体提供了一种生理或心理上的感受基调。他指出，在情绪、心境以及其他充满感情的事件中心，是一些被体验为好或坏、激活或平静的状态，这些状态就是核心情感（Russell, 2003；黄玲玲等，

2010）。核心情感是一种基本的心理原始状态，是具体情绪形成之前的准备状态，是具体情绪的出发点，是先于基本情绪与次级情绪的。拉塞尔（Russell，2003）用效价和唤醒两个维度来描述核心情感（见图 5-3）。

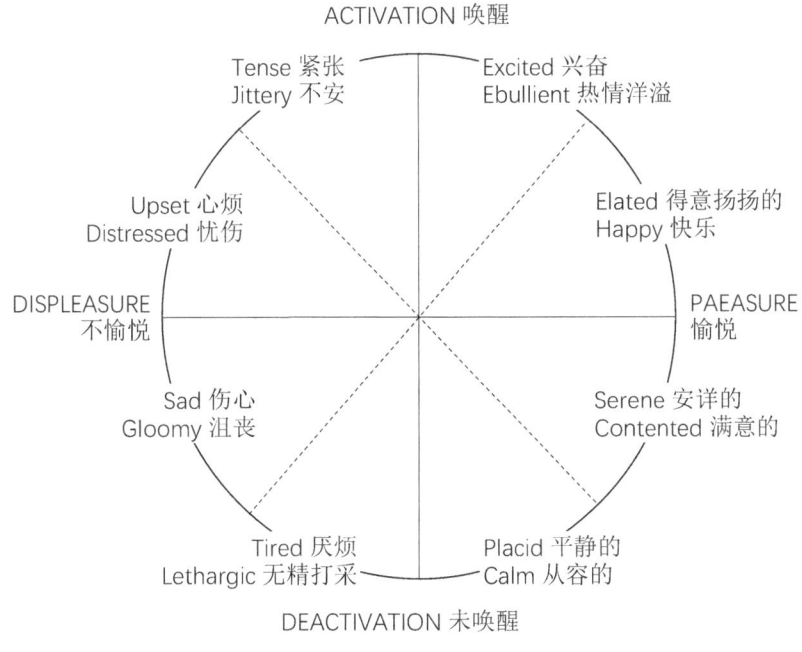

```
                    ACTIVATION 唤醒
        Tense 紧张        Excited 兴奋
        Jittery 不安      Ebullient 热情洋溢

    Upset 心烦                Elated 得意扬扬的
    Distressed 忧伤           Happy 快乐

DISPLEASURE                               PAEASURE
不愉悦                                      愉悦

    Sad 伤心                  Serene 安详的
    Gloomy 沮丧               Contented 满意的

        Tired 厌烦        Placid 平静的
        Lethargic 无精打采  Calm 从容的
                    DEACTIVATION 未唤醒
```

**图 5-3　核心情感**

为了简化纷繁复杂的个体情绪，心理学家和社会学家把情绪分为基本情绪和次级情绪。社会学家特纳认为，基本情绪是其他情绪的核心和基础（特纳、斯黛兹，2007：2-3）。

特纳根据基本情绪的变化提出了区分基本情绪的 4 种维度和 3 种强度水平，这 4 种维度为：满意-高兴、厌恶-恐惧、强硬-愤怒和失望-悲伤。每一个维度都有高、中、低三种强度（特纳、斯黛兹，2007：6-8）。埃克曼认为有 6 种基本情绪：快乐、惊讶、害怕、悲伤、愤怒和厌恶（艾森克，2000：743）。普拉特契克提出了 8 种基本情绪：接受、惊奇、恐惧、伤感、厌恶、期待、愤怒和愉悦。他认为这 8 种基本情绪就像颜色中的三原色一样，可以混合出更为复杂的次级情绪，基本情感排列成圆形，相邻的是相似情绪，相邻的基本情绪复合为新的情绪（特纳、斯黛兹，2007：13-14；Gray，2006：

214)。如图 5-4 所示，这个陀螺形的模型表示的是基本情绪和次级情绪，水平的维度是 4 种基本情绪，垂直的维度表示的是情绪强度，面积越大表示强度越大，下面是这个陀螺模型展开后的示意图。

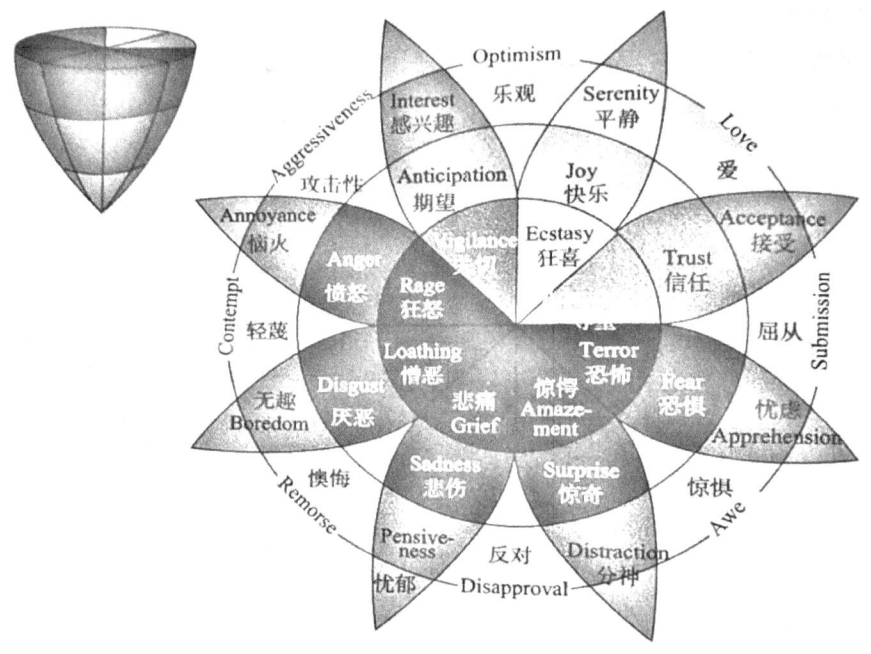

图 5-4　普拉特契克（Plutchick）的基本情绪模型

## 二、社会层面

社会心态研究更关注社会情绪，在这一点上，核心情感的提出对于社会情绪、情感的理解具有启发性。作为群体和社会共享的情绪，社会情绪其实是群体和社会中众多个体在互动后逐渐出现的主导情绪。在一定社会中个体的情绪、情感纷繁复杂，在某个事件的影响下，个体的核心情绪发展为明确的情绪状态，可能是基本情绪，也可能是更为复杂的次级情绪、情感。起初这些个体的情绪、情感在宏观的群体和社会层面并未成为明确的社会情绪、情感，但构成了社会情绪、情感的基调，一种社会情绪的准备状态，也就是形成了一种情感氛围。

德·里韦拉（de Rivera，1992：197-218，2007）的情感氛围概念与勒温的群体动力学理论有关。勒温及其同事和学生于1940年完成了一项关于民主与专制的群体氛围的实验研究，他们创造性地采用了氛围的概念。德·里韦拉（de Rivera，1992：197-218）认为情感氛围是一种客观存在的群体现象，当人进入一个环境中，无论是一个聚会还是一个社区、社会，自然会感受到这里的情绪基调是快乐的还是压抑的，是恐惧的还是开放的。但情感氛围又不同于情绪基调和集体心境。这两个概念更强调某一事件激发下的情绪，在一种情绪基调下，众人可能出现共同的态度和行为。而情感氛围更强调社会成员间的情绪关系，是一种比情绪基调更为持久的情感，不仅仅是一种集体的感受和行为，而且是一种社会成员之间彼此在意的情感关系，如敌意和团结等。情感氛围是由社会成员建构和感受到的，是一个社会中一定情境下个体成员认为多数人会有的感受（de Rivera，2007）。在一个社会中情感氛围的品质又被视为一种情绪文化（de Rivera，1992：197-218，2007）。从民族-国家的宏观层面讨论情感氛围与安全、和平的关系，他认为国家的情感氛围是其客观的行为环境，它影响着环境中的每个人，是由社会中人际互动的特点所构成的，其公民和其他主体的行为受这种氛围的支配。他把情感氛围分为两类，一类反映的是与他人的关系，另一类反映的是与期望的关系，但这些维度并非完全独立（见表5-1）。

表5-1 情感氛围的维度

| 与他人关系 ||
| --- | --- |
| 恐惧（疏离） | 安全（信任） |
| 敌意（分化） | 团结（乐于奉献） |
| 与期望的关系 ||
| 不满意 | 满意 |
| 失望 | 希望 |
| 消沉 | 自信 |
| 不稳定 | 稳定 |

德·里韦拉（de Rivera，2007）认为情感氛围是客观事实、制度安排和政治政策共同影响的结果。反过来，积极的情感氛围对社会发展具有正向影响。情感氛围受人们的行为包括游行、仪式等集体行为的影响，同时也受文化价

值观念和情感规范的影响。情感氛围对于人们的行为具有预示作用,能够预测人们的集体行动。

Bar-Tal 等(2007)提出可以通过改变情感氛围来解决群体冲突,而情感氛围的改变主要有两种形式:一种是调节消极情感元素,削弱恐惧、仇恨的情感;一种是增强积极情感,给冲突双方以希望、安全和信任。

基于以上对心理学和社会学情绪的研究社会心态研究中社会情绪的构成如图 5-5 所示。大圆形中是许多小的个体情绪单元,个体情绪由情绪的准备状态——核心情绪和初级情绪、次级情绪构成,在众多个体的互动和影响下形成一个社会特定时期的情感氛围,这是社会情绪的初级状态,在一定事件和社会环境下群体和社会形成共享的情绪,也就是社会情绪。特定的社会环境下社会情绪会表现为相对稳定的形态,逐渐积淀为一个社会在一定时期的情感文化。

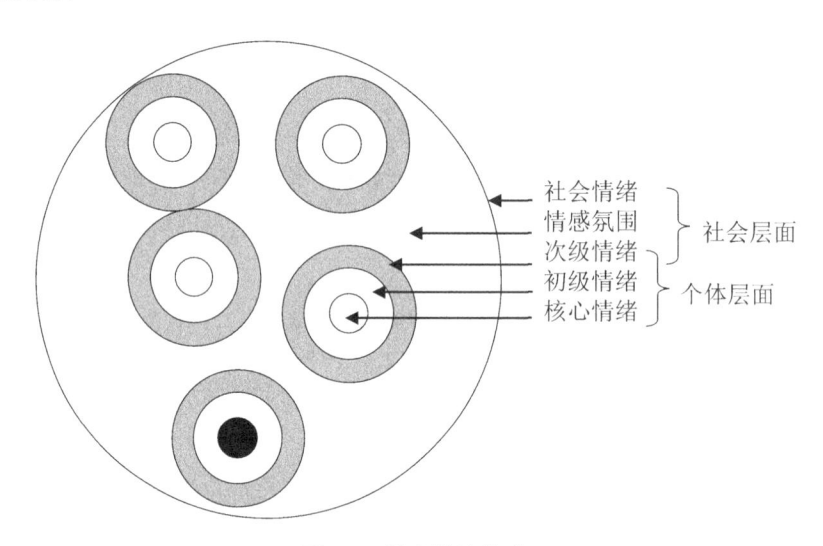

图 5-5　社会情绪构成

## 第四节　社会情绪的动力性

### 一、社会心态中的社会情绪

社会情绪是一个群体和社会中多数成员共享的情绪体验。这种体验是以个体的情绪为基础的，个体情绪的体验是个体在一定的社会现实下的感受，这种感受伴随着神经生理反应，但又具有主观特性。无论是人际的互动还是群体中、社会环境下的个体行为，情绪的产生是个体在现实环境中满足程度的主观反映。社会情绪作为众人共享的感受，基本上类似于个体情绪的产生机制。大量个体成员的基本需要在社会现实环境下是否得到满足，都会产生相应的情绪。得到满足会产生积极情绪，得不到满足或满足程度太低就可能产生消极情绪。但情绪的产生还同时受到众多个体的主观期望的调节，主观期望高则满足程度低，主观期望低则满足程度高。而调节基本的需要和期望是人们的社会认知模式，虽然人们对社会现实的社会认知本身也会产生情绪，但社会认知模式又调节着社会需要和期望，比如采用什么样的归因方式、什么样的社会比较策略，都会影响到人们最后的情绪。因此，社会需要、期望和社会认知共同影响着社会情绪，如图 5-6 所示。在更为宏观的层面上，社会的价值观文化因素作为更深层的社会心态内容，影响着整个结构中的各因素，包括社会现实、社会需要、期望、社会认知，甚至是社会情绪、情感的表达。并且，从社会结构的角度看，个体在社会中所属的地位也决定了他们对社会现实的认知以及他们的社会需要和期望，社会情绪就是这种复杂的多因素、多层面影响下的产物，这是从社会心态角度所看到的社会情绪。

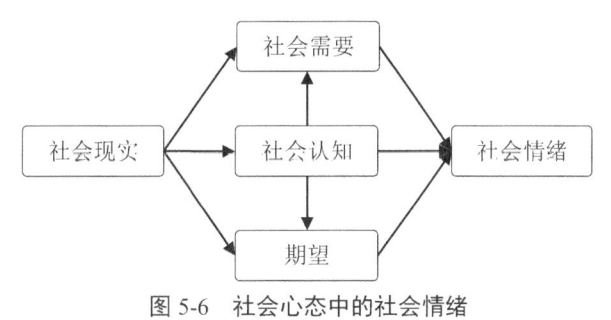

图 5-6　社会心态中的社会情绪

## 二、情感能量

社会情绪是社会心态核心的组成要素，是构成社会心态的动力机制和社会运行的调控和凝聚机制。除了作为动力机制的社会需要，社会情绪也是构成社会心态的动力机制，而且是作为社会心态的能量。情绪作为动力机制不难理解，因为个体情绪与机体的内分泌系统紧密相连。因此，个体情绪具有的动力特性也就成为社会情绪的动力基础。兰德尔·柯林斯（Randall Collins）解释：社会情绪何以成为一种动力，是因为人际互动的原则是追求情感能量（emotional energy，EE）的最大化。柯林斯对情感能量的解释是，"它是一个连续统，从高端的自信、热情、自我感觉良好，到中间的平淡的常态，再到末端的消沉、缺乏主动性与消极的自我感觉。情感能量类似心理学中'驱力'的概念，但具有特殊的社会取向。高度的情感能量是一种对社会互动充满自信与热情的感受。它是个人所拥有的，如涂尔干所言的对于群体的仪式团结，一个人会从参与群体的互动中得到充分的情感力量，这使其不仅成为群体的热情支持者，而且成为其中的领导者。一个人如果对群体感觉良好，并且能够成为有能量的领导者，当群体聚集在一起时就能激起具有感染力的情感。相反的情形是在情感能量连续统的低端，较低的情感能量是缺涂尔干所言的团结，一个人不为群体所吸引；为其感到疲惫不堪或消沉沮丧；想要躲避。个体在群体中找不到良好的自我，并且不具有依恋群体的目标与符号，而是疏远它们"（柯林斯，2012：159-160）。

特纳也指出，多种情感能够以特定的方式推动人们对他人作出反应，愤怒导致攻击行为，愉快使人们更愿与他人互动。"情感是种动机力量，因为它们不仅使人们的主观体验有序，而且赋予人们以力量，指导行动的方向。"（特纳，2009：8）而且，情感是导致社会变革的重要力量之一。特纳认为，"正性情感激活通常转化为对社团单元和范畴单元的承诺，再由这种承诺拓展到体制领域和分层系统。正因为如此，正性情感维持了地位现状"。而与正性能量相反，"负性能量的激活越强烈，这种能量所释放出来的爆发力越强烈。当正性情感和负性情感高度层级化时，如果其他的资源，如意识形态、领导、金钱以及社会单元是这些负性情感的指向对象，那么由这些负性情感能量充分积累所导致的集体行动发生的可能性就会增加"(特纳，2009：173)。

## 三、情感能量与社会运行

兰德尔·柯林斯（2012：244）给出了一个比率最大化的公式，分母是成本（情感能量EE+物质），分子是收益（情感能量EE），最大化感能量是自我的基本驱力（特纳、斯黛兹，2007：77），这些表述说明了情绪作为个体能量如何成为社会心态的动力以及社会运行的能量。在人际互动中，个体都以在互动中获取更多情感能量作为互动准则，愿意维持能够获得情感能量的互动，回避那些不能够获得情感能量或带来情感能量损失的互动。因为情绪具有积极、消极的特性，因此，被个体验为积极的情绪、情感具有正能量，消极的情绪、情感具有负能量，个体互动中可能释放出正能量，也可能释放出负能量，个体互动追求情感能量最大化，以互动过程获得的正能量和负能量相抵后来决定是否维持和继续互动。群体间在群体、群体认知、群体情绪、群体行为倾向和群体价值观上的差异决定了群体之间的冲突与合作，以及群体互动中能量如何交换。同样地，群体之间的互动也遵守情感能量最大化的原则。群体中个体成员对群体的认同，群体价值观和群体凝聚力决定了群体的行为模式和社会心态以及与其他群体之间的互动，也就是群体行动。

柯林斯把社会行为看作由互动仪式组成的互动仪式链，他试图构建一个理论来解释从微观的互动仪式到宏观的互动仪式链所构成的社会运行系统，在这个系统中，他给情绪以核心的地位。柯林斯的互动仪式是镶嵌在社会结构之中的，社会分层、权力、地位成为影响互动仪式的决定性因素。个体无法摆脱一定的社会结构而生活在社会中，也就不可避地进行着权力仪式和地位仪式，其中的行为反映为情感能量的变化，而人的行动策略是追求情感能量的最大化。柯林斯（2012：172-173）指出，"IR链模式提出个体在权力互动中及地位互动中都能获得或丧失EE。命令发布者不仅维持，而且有时会获得EE，命令接受者则会丧失EE；处于关注的焦点从而成功地确立群体成员身份的人会提高EE，处于边缘或被排斥的人则会降低EE。互动随着时间连接成为链条，其结果就是最后的互动（通过情感与符号）成为下一次互动的输入端,所以 EE 往往会随时间而积累(既有积极的也有消极的)"。在宏观的社会层面上,分层的互动仪式会因为情感能量变化的不同水平而产生社会团结或社会疏离。柯林斯(2012:160-161)认为社会团结的实现是情感能量的一个重要属性——控制的属性。他指出,"情感能量也是涂尔干所称的'道德情操';它包括何为正确与错误感,以及道德和不道德感。充满情感能量的人感觉自己像个好人,他们感觉自己所做的是正义的。情感能量低的人感觉自己很糟糕,尽管他们不一定将该感觉解释为负疚感或罪恶感,但至少他们缺乏认为自己道德高尚的感觉,而这些来自对群体仪式的热情参与"。柯林斯(2012:176)指出,"分层的互动所产生的长期情感能量主要是:高度的热情、信心、主动性以及自豪感。它们来源于控制权力情境或地位情境中的互相协调;低水平的情感能量(如消沉、羞耻感)产生于在权力情境中受到支配,或被排除在地位情境之外。还有另一种长期情感倾向即对他人的信任或不信任的程度。在该连续统的信任一端,表现为高度的 EE,愿意主动接近某些社会情境。在不信任的一端,则是特定情境的恐惧。不信任/恐惧是与特定的结构形态联系在一起的,即对地方群体之外的人员不信任;这是地位群体互动的子结构维度的结果。在该互动中,群体边界有着紧密的地方封闭性"。

社会情感的能量基础来源于人的基本需要。特纳认为,人类的互动是由基本需要推动的,这些需要为互动预设了期望,但期望的实现受到互动双方所镶嵌的中观和宏观结构的影响,这些结构决定了他们能够得到满足的程度以及满足的方式。个体得到的满足越多,体验的积极感也就越多;反过来,得到的满足越少,体验的消极情感越多。由于消极情感是痛苦的,人们经常抑制这种痛苦,这个过程是消耗心理能量的,当压制的情感积累到一定强度后,将会以高度的情感能量爆发释放,这个过程常常是情境所不认可的(特纳、斯黛兹,2007:135-137)。这就是说,对于任何一个社会来说,尽量满足社会成员的这些需要是最重要的,这也是提高社会运行效率、推动社会前进的唯一选择。

从柯林斯的描述中我们同样可以感觉到,社会心态中的社会情绪就是社会能量的一种体现,无数个体的情绪能量在一定的群体和社会中进行着积极和消极的抵消,以及正能量和负能量的累积。无论是个体之间还是群体之间,能量的交换、输送、剥夺都是在各类个体行为和群体行为中伴随的。无论个体还是群体，良性的互动可以使双方获得能量，而竞争或冲突可能使其两败俱伤，通通失去正能量，或累积负能量。一个群体和社会的发展状态完全取决于群体和社会中情感能量的水平。正如特纳的理论描述的那样，从微观、中观到宏观，每一种社会现实水平的组织都具有自身的力量，推动社会结构的形成和运作，在微观水平中，情感是推动人际互动的力量，两人互动是微观领域的功能单元，镶嵌于中观的社会结构中，并进一步融入宏观的社会结构之中（特纳、斯黛兹，2007：134-135）。

互动中人们的期望不断得到满足，持续地获得能量时，不仅使他们形成对特定他人的承诺，而且会形成对更大单元的文化和社会结构的承诺。反过来，当人们在互动中持续地损失能量时，这些承诺将会消失，并且会使所处结构的有效性下降。如果有足够多的人在这种中观结构中产生消极体验，这种结构和中观单元的文化的、社会的改变将有可能发生，并将间接地导致这些中观结构所镶嵌于其中的宏观组织结构进一步发生改变（特纳、斯黛兹，2007：139）。这就是情感能量推动社会运行和社会变革的机制。

# 第六章　社会治理心理学概述

自 2013 年，"治理""国家治理""社会治理"成为我们国家治国理政的新理念。社会治理是多元治理主体（公务员、公民、政府机构、社会组织等）通过相互沟通协商、共同决策，来处理社会公共事务，特别是与人有关的各种问题的过程。无论是治理主体还是客体都涉及人的心理问题；无论是治理内容还是治理过程都有其心理学本质。以往虽有各种分散的相关研究，但鲜有学者从各层面系统探讨社会治理中的心理学问题，这些问题正是社会治理心理学这一新兴学科的关注对象。

## 第一节　社会治理及其理论基础

社会治理心理学是面向社会治理实践这一应用场景的心理学分支。因此，本节从社会治理概念讲起，然后重点介绍观察我国社会治理实践已有的理论视角，探讨超越这些视角并引入心理学视角的必要性。

### 一、社会治理的概念

#### （一）"治理"概念的由来

与"治理"有关的思想在人类文明史中早就存在。在汉语中，"治""理"二字可以独立使用。"治"是个形声字，"三点水"的偏旁表示从水的初始处、细小处开始做治理工作,这是治河、治水之道,后引申为各种治理行为。"理"的本义是物体上的纹路和层次,后引申为事物的规律,以及按照规律办事。"治理"也可作为一个词使用,《荀子·君道》有言:"明分职,序事业,材技官能,莫不治理,则公道达而私门塞矣,公义明而私事息矣。"这句话直接讨论了君王的国家治理之道。

在西方,"治理"(governance)一词的拉丁文词根有"操舵、引导和领路"之意,有史可考的第一次使用"治理"概念是在 14 世纪,用于指代治理的方式、引导的行为(夏建中,2012:33)。但后来这个词逐渐被"政府"或"统治"(government)取代。

20 世纪 90 年代,"治理"思想开始重新复兴。"治理"作为专门的术语,在现代正式被重新使用可以追溯到 1989 年,世界银行在讨论非洲的发展时首次提出了"治理危机"(crisis in governance)这一概念(孙晓莉,2005),用以指代非洲国家不良的治理状况。而在发达国家也存在治理危机,主要表现为政府机构庞杂且效能低下、过度福利带来的财政困难以及公民依赖等。除了国家治理危机外,全球治理也面临新的课题,如经济的全球化发展、各种政治社会问题(如核武器扩散、人口与疾病、国际恐怖主义、南北发展差距)的全球应对(Rosenau & Czempiel,1992)。大致在这一时期,蓬勃兴起的全球公民运动,各种社会组织的出现,也促使人们开始思考如何应对政府失灵、市场失灵带来的广泛的社会问题,公民和社会组织都迫切要求共同参与国家和社会的治理(Dingwerth,Pattberg,2006)。

正是在这些重大现实需求的推动下,一些研究机构和学者开始不断阐发、宣传自己的治理思想,"治理"迅速成为国际社会科学领域的热词。政治学、社会学、管理学、经济学、国际关系学等不同学科都在以不同方式和视角使用"治理"的概念。全球治理委员会(Commission on Global Governance)于 1995 年发表的《我们的全球伙伴关系》一文中,将"治理"定义为:多种公共的或私人的机构管理其共同事务的诸多方式的总和,它主要通过合作协商、伙伴关系、确定认同和目标共定等方式实施对公共事务的管理,其实质是建立在市场原则、公共利益和认同基础之上的合作(转引自俞可平,2000)。这一界定得到了广泛的认可和使用。

虽然"治理"和"统治"在词源和字面意义上有颇多类似之处，但是现代"治理"思想的兴起恰恰是针对"统治"概念的局限性而来的。"治理"和"统治"概念存在如下区别：

第一，就主体而言，统治的主体是单一的，然而，治理的主体应该是多元的。传统理论认为，政府是社会公共事务的唯一管理主体，它拥有绝对的权威和权力，垄断了公共事务的管理权，包括使用暴力来管理。然而，治理理论强调主体的多元性，政府毫无疑问还是最重要的主体之一，此外，治理主体还包括非政府组织（或者说社会组织）、企业、公民个人等部门或力量（张康之，2014）。具体到社会治理来说，应该"由国家力量和社会力量，公共部门与私人部门，政府、社会组织与公民，共同来治理和管理一个社会"（郑杭生，2014：4）。

第二，就权力运行过程而言，统治过程中只存在自上而下的权力运行，而治理过程中权力是多中心的、相互影响的。有学者（Stoker，1998）曾指出，治理是人类活动的一部分，其目的是为秩序和集体行动创造条件，它与统治在结果方面或许并无不同，关键的差异是过程方面的。统治过程中政府是权力来源，政府以强力或命令方式指令其他治理主体和客体服从其意志。而"治理是由共同的目标所支持的，这个目标未必出自合法的以及正式规定的职责，而且它也不一定需要依靠强制力使别人服从（Rosenau & Czempiel，1992）"。在治理过程中，不同主体都有其权力来源，自上而下和自下而上的过程同时存在，不同主体的协商合作是主要的权力表达方式。

第三，就运行机制而言，统治主要依赖于政府行政体系，而治理综合使用行政、市场、民主决策等多种方式。统治主要以自上而下的政府行政体系来推动问题解决，然而这一过程中可能存在"权力寻租""信息不对称"等风险，也就是存在"政府失灵"。实际上，市场也存在失灵的问题，如成本的"外部化"，但市场仍是资源配置最有力的手段之一。治理过程中要综合发挥政府和市场这"两只手"的作用。有学者认为，治理的机制"既包括政府机制，同时也包含非正式、非政府的机制，随着治理范围的扩大，各色人等和各类组织得以借助这些机制满足各自的需要并实现各自的愿望（Rosenau & Czempiel，1992）"。各类人群和组织要想实现共同治理，就离不开协商民主。

因此,民主决策是治理最不同于统治的常用机制。公民及其组织是治理的主体,也是治理的客体,治理必须采用协商民主的方式,凝聚共识,达成多数人的民主。

第四,就对主体能力的假定而言,"统治"思想的预设政府是具有无限理性的,而"治理"理论承认治理主体的有限理性(夏建中,2012)。"统治"思想假定政府、官员具有无限理性,也就是可以掌握治理对象的所有信息,能作出最优决策。通俗地讲,就是假定存在"圣君",可以作出"圣断"。然而,西蒙(其中文名司马贺,H. A. Simon,1956)等决策研究大师认识到,人类只拥有有限的理性(bounded rationality),决策者自身认知能力的有限性与任务环境结构的约束,使得决策只能达到满意而不能达到最优。他曾说:"当我们放弃了关于人类行为的先入为主的古典和新古典(注:这里指的是经济学)的假设,观察实际决策和解决问题的过程时,我们看到的是具有有限理性的人,他利用启发式技巧寻求令人满意的——足够好的行动方针。"(西蒙,2002:370-371)正因如此,治理不能只依赖于政府和官员的意志,更要发挥所有利益相关者的作用,多方参与决策,最终找到令各方满意的决策方案。

综上所述,治理是为达成共同目标,由多元主体通过协商、合作等方式,凝聚共识、共同决策,管理公共事务的过程。

## (二)从"治理"到社会治理

如果根据上述治理的概念推演,社会治理(social governance)就是对社会事务的治理。要理解社会治理的概念,还应把它放在相关的概念体系中来理解。

有学者根据治理层面(或者治理空间)的不同,区分了全球治理、国家治理、组织治理、社区治理(Graham, Amos, & Plumptre, 2003)。全球治理是在没有国际政府的情况下,协调不同国家主体和国际组织处理国际事务的过程(Wang & Rosenau, 2009)。国家治理,笼统讲是在国家范围内对国家事务的管理。组织治理,主要涉及对各类企业组织、政府与非政府组织本身的治理。社区治理,也有学者将其列入地方治理的范畴。地方治理,是对国家之下的某一地理区域或行政区域内公共事务的管理,而社区治理是其最重要的内容或原型。

国家治理，顾名思义就是国家层面的治理。在这一笼统含义下，还可以区分为三个方面：狭义的国家治理、政府治理与社会治理。王浦劬（2014）曾仔细辨析过这三个概念的含义。从狭义上讲，国家治理通常是指统治者的"治国理政"，即治理国家和处理政务。在我国，国家治理的总体战略是党的领导、人民当家作主和依法治国的有机结合，简单地说，就是"党领导人民有效治理国家"。政府治理，则有多个层面的含义：一是政府对自身的内部管理，如优化政府组织结构，改进政府运行方式和流程，强化政府的治理能力；二是政府作为市场经济中的"有形之手"，通过宏观调控进行经济和市场治理活动；三是政府作为主体之一，对社会公共事务进行的管理活动。

所谓"社会治理"，就是特定的治理主体对于社会公共事务实施的管理。由此可见，如果从治理主体的角度来看，政府可以作为社会治理的主体之一，这时社会治理可以作为政府治理的一部分。然而，社会治理的主体，不仅包括政府，而且尤其要强调政府之外的部门和个人的参与。因此，我们通常把"社会治理"作为一个与政府治理并列的相对独立的概念来使用。

社会治理和地方治理概念有很大的交叉重叠。地方治理是就治理的空间层面来界定的，社会治理是就治理的内容领域来确定的，二者有明显不同，但也存在交叉。地方社会，特别是社区，是社会治理最重要的内容和舞台。社区是国家（政府）和公民交互的界面，是公共空间和私人空间并存的世界（Totikidis, Armstrong, & Francis, 2005；李远行，2013），社区中的政府力量、社会组织、社会工作者、公民个人等社会治理的主体都完整存在，因此研究者往往在社区层面考察社会治理问题，这时既可以将研究内容命名为社区治理，也可以界定为地方社会治理。在本书中，我们以社会治理中的心理学问题为研究内容，社会治理是切入问题的核心背景，但也会把社区治理作为地方社会治理的一部分或样例。

### （三）我国的社会治理实践

2013年11月12日，中共十八届三中全会审议通过的《中共中央关于全面深化改革若干重大问题的决定》中，首次明确将"治理""国家治理""社会治理"作为治国理政的新理念。在该文件中，从国家治理、政府治理、社会治理，到事业单位法人治理、公司法人治理、学校内部治理、社区治理，各类"治理"概念被直接明确地提及24次之多（王浦劬，2014）。与此同时，国家治理现代化被确定为全面深化改革的总目标，而政府治理和社会治理则成为该文件所确定和阐发的重要改革内容。在我国，强调"国家治理"而非"国家统治"，强调"社会治理"而非"社会管理"，不是简单的词语变化，而是深层的思想观念变化（俞可平，2014）。

要充分理解这种思想的变化，必须把它放到历史的背景中。虽然党和国家以"治理""社会治理"为明确的治国理政的思想始自十八届三中全会，但是与"社会治理"相关的概念和实践，如"社会管理""社会建设"则在更早时候就出现了（唐均，2015）。在2003年"非典"这次公共卫生事件之后，党和政府就充分意识到社会管理的重要性，因为公众舆论引导、社会恐慌应对、流动人员管理、医疗资源动员等是疫病流行期间棘手的社会问题。2004年9月，十六届四中全会的决定中，"社会管理"一词首次亮相，当时的提法是"加强社会建设与管理，推进社会管理体制创新"。在2007年的十七大上，进一步将"社会建设"与"社会管理"区分成两个独立的概念，"社会建设"与此前提出的"建设社会主义和谐社会"合二为一，并与"经济建设""政治建设""文化建设"一起，并列为"四大建设"，而对"社会管理"的新提法则是"完善社会管理，维护社会安定团结"。十八届三中全会《中共中央关于全面深化改革若干重大问题的决定》中，则明确列出了"创新社会治理体制"的小标题，大篇幅阐述了"社会治理"这一新的执政理念。具体的提法是："创新社会治理必须着眼于维护最广大人民根本利益，最大限度增加和谐因素，增强社会发展活力，提高社会治理水平，全面推进平安中国建设，维护国家安全，确保人民安居乐业、社会安定有序。"

十八届三中全会对社会治理的关注，不仅对社会治理实践，而且对有关学术研究产生了重大推动作用。从2014年开始，我国社会治理（也包括其他各种"治理"）研究真正进入"黄金时代"。在中国知网检索篇名中包含"社会治理"一词的中文文献可以发现，2001年这类文献数量为4篇，2010年之前每年都在100篇以下，2013年为311篇，2014年暴增至2160篇，2015

年、2016年均维持在2000篇以上。2014年后社会治理研究的剧增，正是因为2013年11月12日十八届三中全会审议通过《中共中央关于全面深化改革若干重大问题的决定》，其中明确指出"全面深化改革的总目标是完善和发展中国特色社会主义制度，推进国家治理体系和治理能力现代化"。由此，"治理""社会治理"等概念成为治国理政的新理念。在接下来的2014年，大量有关国家治理、社会治理的文章发表，这些文章多以解读中央文件为出发点，并对各个领域的治理问题进行探讨。

虽然从2014年至今"社会治理"一跃成为社会科学各领域的"热点话题"，但是文献数量的迅速增加并不意味着我们在社会治理的理论研究层面也有那么多的突破。要深入观察中国的社会治理实践离不开合理的理论视角，在此介绍目前常用的三种理论视角（辛自强，2018a）。

## 二、观察我国社会治理的三个理论视角

### （一）治理主体的变化：从国家统合到适度的政社分离

社会治理是对社会公共事务的治理。传统上，政府是代表国家对社会公共事务进行管理的核心（甚至唯一主体），它拥有绝对的权力和权威，垄断了公共事务的管理权。今天的社会治理概念则强调政府、社会组织与公民等多元主体共同来治理和管理一个社会（郑杭生，2014）。理解我国的社会治理实践，面临的首要问题是国家（或者政府）和社会的关系问题。针对这一问题，国家统合主义（state corporatism）被认为是一种解释改革开放后中国的"党政合一国家"与社会之间关系的重要理论视角（Unger & Chan, 1995；黄毅，文军，2014）。Schmitter（1974）曾将国家统合主义界定为：作为一种得到国家认可和控制的、由一些组织化的功能单位构成的，并被赋予特定代表地位而组合进特定结构安排之中的利益代表系统，它的作用是将社会中组织化的利益联合到国家的决策结构中去。

这种国家统合主义思想在中国当前的社会治理现实中依然占据支配作用。例如，有研究者（姚远，任羽中，2013）观察到我国的社会治理存在一种双

向互动：公共社会的新力量通过国家提供的政治参与的法理基础和制度空间，不断"激活"既有制度设计，从而有效参与治理，同时，国家通过各种渠道对新社会力量进行"吸纳"，达成有序治理。"激活"与"吸纳"的互动，本质是通过人民群众的政治参与，通过日常的协商实现"善治"，即良好的社会治理。具体来说既有制度设计中本来就有的群众来信来访、政协委员提案、舆论监督、内参等民意采集机制在今天依然发挥着作用；而随着社会变迁，新的社会诉求表达渠道也被不断确立，如政府信息公开制度，政风行风热线及网络问政，各种论证会、听证会、座谈会、行政复议和行政诉讼制度等。一方面，国家通过制度创新不断"吸纳"社会力量参与到社会治理中。这类似于金耀基（1997）的看法，他在解释我国香港地区的治理时曾提出"行政吸纳政治"的模式，在这一模式中，政府把社会中精英或精英集团所代表的政治力量，吸收进行政决策结构，从而达成某一层次的"精英整合"并赋予统治权力以合法性。另一方面，新兴社会力量也在不断激活国家的制度创新。例如，在社区治理中，有威望的社区工作者、退休干部、社会知名人士，都被纳入社区议事机制，使其发挥类似传统社会中"乡绅"的作用，成为国家和社会之间的中间层，从而有助于解决社会治理中的突出问题。由此，姚远、任羽中（2013）乐观地认为，这种"激活"与"吸纳"的互动代表了走向协商民主的中国社会治理模式。

然而，也有很多学者认识到了这种"国家社会"一体化的政治模式对社会治理的潜在限制（Hsu & Hasmath，2014；黄毅、文军，2014；韩朝华，2007）。在国家强大的主导权力和权威的控制下，社会组织的自主性不足，其发育面临各种制度困境，很多新兴的社会组织和社会力量很快被吸入了国家庞大的权力体系中。例如，研究者（Hsu & Hasmath，2014）采用统合主义的视角考察了政府对上海地区社会组织发展的影响，发现不仅是中央政府，连地方政府对社会组织发展都有决定性影响。

"政府治理不等于社会治理，现代市场经济中，仅靠政府（社会行政管理系统）本身不足以构成完备、有效的社会治理体系。"（韩朝华，2007：52）这种"强国家弱社会"的状态及其背后的国家统合主义思想，已经在阻碍政府之外的社会治理主体的发育，也让政府难以走出行政管制的套路。例如，目前一些地方政府仍然习惯于对社会组织和社会成员采取自上而下任务下达与政治动员的刚性工作方式，对社会事务大包大揽，忽略了各种社会组织和公众在社会治理中的主体地位和主力作用，甚至把社会治理片面理解为"对社会的管制"或"管理社会组织"，主张对社会组织的防控要横向到边纵向到底，将社会组织和社会成员视为社会治理的对象而不是合作的伙伴（姜晓萍，2014）。由此，一定程度上的"政社分离"（唐钧，2015）对于摆脱国家和政府的"总体性支配"（黄毅、文军，2014）可能是中国社会治理创新的关键一步。

### （二）治理模式的转换：总体支配型到技术治理型

对于改革开放以来我国社会结构的变迁，社会学家曾经提出了"从总体支配到技术治理"转换的分析思路，认为改革开放前的总体性支配权力正在为一种技术化的治理权力所替代（渠敬东、周飞舟、应星，2009；孙立平、王汉生、王思斌、林彬、杨善华，1994）。"总体性支配"主要是指中国改革开放前社会结构的一个基本特征，即国家几乎垄断着全部重要资源，这种资源不仅包括物质财富，也包括人们生存和发展的机会及信息资源，以及通过群众性的规训、动员和运动来调动政治和社会经济诸领域的各种力量。而改革开放之后，总体性支配权力逐步被打破，国家赋予各领域一定程度的自主权，来释放基层社会的活力。

这一社会结构变迁的分析思路被黄毅、文军（2014）两位学者进一步推广到社会治理领域，认为当前中国社会治理，特别是地方社会治理也在经历"总体支配型"的管控向"技术治理型"模式转换的过程。这种转换在社会领域中的出现相对滞后，当前很多地方政府依然有浓重的"总体支配型"管控思维，由此带来了社会治理的行动困境。具体包括：（1）地方政府更多地停留在"以公众需求为本"（尤其是民生需求）的传统服务思维中，工作包袱沉重，效率低下，而缺乏"与民服务"和"与民共治"的公共服务理念；（2）运动式治理传统使得地方政府在"刚性稳定"的思维中不断寻求单一的社会治理方式，如增设政府机构、新设专项整治项目；（3）"条块关系"的矛盾使得社会治理机制难以真正实现有效的整合与优化；（4）现实的制度性困境导致社会组织的培育和发展面临重重困难；（5）政府治理效能的评估体系和购买公共服务项目的评估机制没有充分建立，使得地方政府的社会治理处于无序状态。

未来地方政府社会治理创新的方向是转向"技术治理型"的共享共治模式。也就是说，政府要切实树立以公共服务为本的治理理念，不断地改进社会治理的程序与技术，提升治理效能和服务效果。具体的策略包括：（1）实现"为民服务"思维向"与民服务"理念的转变，即发挥各治理主体，特别是居民自身的参与热情，共享共治；（2）寻求社会治理方式的柔性化转变，由完全依赖法律法规、政策制度、执纪问责的刚性治理转向柔性治理，借助社会心理学方法，如感情投入、认同建构、激励沟通，把治理者的心愿与组织的目标变为民众的自觉行动；（3）以"协同政府论"为指导，消除治理体系的内在矛盾，做到各部门协同配合，促进社会治理体制的优化；（4）做好基层服务型社会组织的培育和发展工作；（5）努力提高居民社区参与的投入度；（6）积极建立健全专业社会工作的规范机制；（7）加快建立社会治理效能评估的指标体系；（8）设立政府购买公共服务的项目评估机制（黄毅、文军，2014）。

上述理论观点基本反映了中国的社会治理现实，指出了社会治理创新的方向。然而，对于"技术治理型"的共享共治模式，在理论上还有待深化认识。例如，有哪些技术可以用于社会治理，以及如何使用这些技术，心理学技术显然是重要的方面。他们所提出的8条策略，包括改变官员治理思维，调动公众参与热情，使用心理学技术做柔性治理，开展治理效能评估等，大多与心理学技术有关。这些技术和策略都是当前各个社会治理主体所匮乏的，其干预实践以及理论研究都需要加强。但这种"技术治理型"模式代表了未来社会治理的方向，体现了对社会的软治理思路。

### （三）治理思路的变换：从硬治理到软治理

治理能力包括硬治理能力和软治理能力（约瑟夫·奈，2005：5-10）。其中硬治理能力主要指以军事、经济、法律等硬性命令方式呈现的强制力；软治理能力主要指文化、意识形态、制度规训等软性同化方式呈现的柔性力。

在中国社会秩序的维护过程中，硬治理一直是各级政府决策中习惯的路径，然而硬治理的局限正在日益凸显，学术界在不断呼吁加强软治理思路的研究和策略的使用。

例如，于建嵘（2009）认为，我国的社会治理应该逐渐从基于硬治理的"刚性稳定"转向基于软治理的"韧性稳定"。他在对我国不断增加的群体性事件进行长期观察后提出，这些社会冲突事件虽然不能破坏中国社会秩序总体上的稳定性，但是中国目前的社会稳定是"刚性稳定"，这种稳定以国家强大的政治权力为制度特征，以绝对的秩序保障为表象，以司法强力为基础，以社会意识和社会组织的严格管理为手段。它缺乏制度弹性和韧度，忽视了内在的整合和发展转型的适应性要求。在政治压力型体制下的各级政府追求短期利益的最大化，而忽视经济发展的社会成本和社会公平，忽视社会基本规则的建设和维护，从而导致政治合法性的快速流失。政治软权力的匮乏迫使当权者在面对社会力量的冲击时越来越依赖国家的强制力。其结果是，政治体制用来维护自身生存和运行的成本越来越高，而支付成本的能力并不一定同步提高。从长远来看，一旦政治体制的维护成本超过其支付能力，就可能出现社会无序和冲突失控，"刚性稳定"就可能演变为"社会动荡"。他认为，未来一个时期内，中国将进入社会问题的多发期，中国要有效地防范可能出现的社会动荡，需要进行一系列的社会改革，使"刚性稳定"转变为分权开放的、动态的、和平而有序的、具有强大自我修复功能的"韧性稳定"。而最重要也最具有现实可行性的措施就是建立公平公正的社会分配体制，改变目前的压力体制，建立县级政治分权体制，并通过司法改革树立国家的法治权威。总体而言，虽然于建嵘（2009）提出的实现"韧性稳定"的策略（如县级分权体制）是否具有可行性依然可以讨论，但是他关于从刚性稳定向韧性稳定转换的社会治理思路无疑很有启发性。

类似于这种"韧性维稳"的思想，在整个社会治理中，都应该更多考虑"柔性治理"或"软治理"的思路。周根才（2014）指出，以往各级政府所运用的硬治理工具和技术已经不能有效地解决社会治理实践中涌现出的诸多新问题，进而会阻碍政府治理能力的发展。在各级政府硬治理日渐受阻和治理能力弱化的情境下，以社会文化价值共识的形塑能力、社会心理的干预疏导能力和社会合作共治的沟通协调能力为主要内容的软治理应该成为政府治理能力重构的主要路径。

综上所述,学者们从不同研究角度出发,但最终都认识到一点:"刚性稳定"是不可持续的,政府需要考虑"韧性稳定"的策略;"硬治理"的手段已经不能适应当前社会发展的现实,"柔性治理"或"软治理"的思路应该作为优选路径。

## 三、对社会治理理论视角的述评

### (一)需要用现实主义态度来看待社会治理这个复杂的过程

上述三个关于社会治理的理论,分别从治理主体(政府与社会)、治理模式、治理思路三个视角,分析了我国不同历史时期的社会治理特点并指出了未来的方向。虽名为三个理论视角,但我们认为其背后的内容有共同的指向性:国家统合思想。这必然意味着政府对社会的总体性控制和支配,这种控制的基础是政府强大的硬治理能力;而政社分离,意味着政府权力的适当让渡和自我限制,政府转而诉诸软治理能力和技术手段,与其他主体对社会进行共治。不仅在内容上类似,而且三个理论背后都是同样的"二元思维"逻辑:找出两个相对的概念刻画不同历史时期社会治理的特点,并指出社会治理要从一种状态转型到另一种状态,即从国家统合转向适度的政社分离,从"总体支配型"管控转向"技术治理型"模式,从硬治理转向软治理(辛自强,2018a)。

上述基于二元思维逻辑的三个理论虽然提供了观察中国社会治理的基本分析框架和视角,但也存在一些问题,或者至少容易被误解(辛自强,2018a)。一方面,我们不宜采用从"A"到"非A"这种简单的转换式思维理解复杂的社会治理现实。中国社会治理的变迁是一个复杂的历史过程,未必如这类简化的理论模型所刻画的那样。在不同历史时期的社会治理实践中,更多是某种成分"多少"这类量的问题,而非简单的阶段式转换或质的差异,而且这种变迁也并非单调前行的,可能存在反复和波折。例如,在我国的政治结构中，可以强调适当的政社分离和共享共治，但国家的统合能力、支配性是不能也不宜被根本撼动的；可以强调更多诉诸软治理策略，但硬治理依然是必要的、最有效的后盾。另一方面，社会治理的变迁也存在地域差异，各地的进程未必同步。鉴于此，我们应该基于上述理论视角，更深入地观察中国社会治理的现实本身，而非以理论视角简单化地描述或裁定现实。也就是说，我们要在特定的时空框架下，以更完备的思维逻辑，精确地描述社会治理的变迁历程，从而提出切实可行的建议。

社会治理变迁的实际过程往往更复杂。从治理主体的角度来看，不能仅仅限于分析"政府"和"社会"二者及其关系，因为这种简化的二元论分析框架，可能遮蔽了政府、社会以及其他治理主体之间复杂的纠缠关系和动态的形塑过程（肖瑛，2014）。实际上，在20世纪90年代及之后的一个时期，随着社会主义市场经济的确立和发展，资本和市场作为新兴力量在不断调节国家和社会的关系，部分地削弱了国家对社会的管制和总体性支配。在山东省桓台县的观察研究表明，尽管国家统合主义依然存在，但是商业组织并非国家和社会沟通的工具，商业组织中经理人员的异质性也阻碍了其作为一个整体和国家进行集体利益交换的可能性，他们更主张"自身的"利益（Yep，2000）。对2001年至2004年"中国社会组织调查"的数据分析表明，社会组织建立的时间越靠后，其自主性越强，有更强的寻求发展自由的动机，也更能代表其出资人的利益（Kojima et al，2012）。这似乎也暗示在2000年前后，社会组织发展获得了相对宽松的环境，这可能要归结为市场和资本的力量。有学者（Howell，2012）曾提出，只采用国家统合主义的理论观察中国社会，特别是非政府组织的发展，可能并不那么充分，因为资本和市场的塑造力量也在逐渐显现，很多非政府的劳动组织和社会福利组织的增加就是得益于资本和市场的力量。在中国，中央和地方政府对市民社会的控制策略出于两个相互关联的动机：一是维持政治稳定，二是促进资本发展（Howell，2012）。由此，资本的力量可以部分地调和国家与社会的紧张关系。

然而，国家、社会和资本三者的关系，也存在反复和变化。有的学者（如Howell，2012）可能过分高估了资本和市场的力量，因为自2008年前后以来，在"反恐""维持政治稳定"等强大的需求下，国家管控社会的动机和强度明显提高了。2013年后，随着"国家治理"和"社会治理"上升为治国理政的新理念也因应社会治理的困境，国家和社会的关系本应显得相对舒缓一些，但实际情况并没有朝这个方向走下去。相反，伴随着强力"反腐"以及国际贸易摩擦等内外压力，政治紧张度和社会管控程度均明显提升，这或许是国家崛起之前不得不面临的阵痛。然而，有学者曾乐观地认为这期间的社会力量仍在发育，并出现社会力量组织化的特点。例如，2016年的一项研究甚至提出了"社会统合主义"（social corporatism）概念，认为像"公益组织孵化器"和中国"基金会中心网"这类介于政府和社会之间的中间组织或枢纽组织，正试图整合并代表各种非政府组织、私人基金会的利益（Han，2016）。简单地说，社会层面也在以新的方式统合。若真是如此，可能意味着社会组织可以获得好的发展契机。据我们观察，实际情况却并非如此，政府和社会之间出现的中间组织或枢纽组织，主要是出自国家管控的需要，试图采用自上而下的方式通过枢纽组织来管理分散的社会组织，而非代表自下而上的利益或力量。

总之，观察我国社会治理的变迁过程，必须看到国家、市场、社会三种力量复杂的而又不断变动的动态关系。如果必须作出总体的（也是过于简化的）判断的话，我们依然认为，当前"国家统合主义"依然占据支配地位，"市民社会"尚未充分发育，市场和资本虽然表现出一定的力量，但它总体上更倾向于也更容易与国家权力结合，而不是作为完全独立的调和国家与社会关系的力量。

上述结合最新调研文献的分析是要说明，我们理解中国社会治理实践时，不宜采用过于简化的二元思维，而应该采取更为现实主义的态度，在特定时空背景下观察和调查真实的社会治理实践过程，做出更符合实际的理论概括，从而提出更接地气的、可行的行动建议。这里以社区治理研究为例对这一方法学的提议稍作阐释。有学者（徐林、吴咨桦，2015）采用"国家社会"互补与镶嵌的视角，深入观察了杭州市某社区中各种社会治理主体或行动者，依据自身的优势或者劣势进行合作与互补，同时跨越边界相互嵌入的过程。观察结果表明，这种互补与镶嵌在社区治理层面有多种表现：首先，是组织的拓展与相互嵌入，即政府、社会组织、准市场组织的适当融通和互补；其次，各种组织在社区管理和服务等方面的功能互补，社区管理类事务主要依赖于社区党组织、居委会和业主委员会，社区服务类事务主要依赖于社区服务站、社区组织（如志愿者协会、居民文体组织、社区准市场组织、民办非企业单位等）；最后是资源的整合，包括国家财政资源、志愿者资源等多种资源的综合利用。只有通过这种深入的观察和经验描述才能看到社会治理的实践过程，提炼出符合实际的理论模型。若只是站在远处或者所谓"理论的高度"找一对概念来标定社会治理的当前特点及其转换方向，或者只是在逻辑层面推演国家、社会、市场三者如何互构，并不利于理解社会治理实践的复杂性与生动性。

### （二）重视以"人"为中心的社会治理

在十八届三中全会上，党中央以巨大的理论勇气将治国理政的理念推进到新的高度，将"推进国家治理体系和治理能力现代化"作为"全面深化改革的总目标"。这一改革目标要求社会治理更加重视"技术治理型"的共享共治模式，更多采用软治理策略，更多依赖柔性治理方法。上述三个理论所指出的社会治理的改革方向大致是合理的，但是我们必须意识到，要达成这一改革目标必须重视以"人"为中心的社会治理，而这是当前理论视角中未充分关注的。

一方面，就社会治理的主体而言，我们必须把这种主体当作"人"来看。当作人（而不是"神"）来看，就是要承认治理主体的有限理性（Simon，1956；夏建中，2012）。西蒙的"有限理性"理论回归到常识层面，指出了人类理性的不足。有人这样评价该理论："有限理性本身与其说是深奥的学理发现，不如说是回到了生活常识。"（景怀斌，2016：14）这么评论丝毫不是要贬低西蒙，而是要强调必须回到真实的生活经验，客观地标定人性特点，不能停留在经济学关于人性简化的经济人假定中。有限理性理论运用到政府管理方面，就意味着不存在一个全知全能的主宰者来负责统治国家与社会。社会治理必须由利益有别的、理性有限的、多元化的真实主体通过协商博弈来寻求令各方相对满意的共识和解决方案。

另一方面，就社会治理对象或客体而言，我们要重视社会事务中的"人因"问题。社会是由人组成的，社会事务总是关乎各种利益群体，关乎人们的心理需求，关乎民意民情。因此，我们要学会分析社会事务中人的作用，重视人因问题，这样才能让社会治理更有柔性、韧性和温度。有学者指出，以往各级政府所运用的硬治理工具和技术已经不能有效地解决社会治理实践中涌现出的诸多新问题（周根才，2014）。这或许是因为硬治理过程中没有顾及人们的心理感受，存在将人的问题"物化"或"非人化"的倾向，这是在另一个极端上把治理对象"不当人来看"。例如，有的官员存在花钱买稳定的想法，就是试图把人们对公平、正义的诉求物化为货币来做交易。要建立"技术治理型"的共享共治模式，就要尊重人性，善于使用心理学的策略和技术，根据心理规律处理社会事务，进行社会和社区治理（辛自强，2015，2016），从而实现"由心而治"，体现社会治理的"柔性"与"韧性"。

综上，将人"物化"或"神化"都是有问题的。我们既要避免统治思维中将主体"神化"的假定，也要避免统治思维中将客体"物化"的假定。只有将社会治理的主体和客体都视作"人"，不做"非人化"（神化或物化）的假定，才能摆脱传统的统治思维，树立真正的现代治理理念。我们认为，社会治理是由作为治理主体的人（公务员、公民）及其组织（政府机构、社会组织）实现的，对以人为中心的社会事务进行治理，而治理本质上是多元主体群体决策的过程（辛自强，2018b）。由此可见，社会治理的核心是"人"的问题。要推进社会治理体系和治理能力的现代化，就必须重视"人"的问题。例如，要改进政府、社会组织及其构成人员的治理理念和治理能力，要提高公民的社会参与意识，要科学认知各种社会事务中人的因素，要探讨如何改进人们的群体决策质量。

如欲正确理解社会治理中人的问题，就离不开心理学的视角，因为心理学是研究人性与人心的科学。然而遗憾的是，社会治理并非心理学的传统选题。虽然2014年以后的几年中，每年发表的篇名带有"社会治理"字样的中文文献有2000余篇，但几乎没有心理学家的声音。目前，情况正在迅速改变，心理学家已经点燃对社会治理中心理学问题的热情。2018年，中国心理学会筹建了心理学与社会治理专业委员会，同年，中国社会心理学会筹建了社会心理服务专业委员会，这些专业组织的建立标志着心理学家开始"有组织地"探讨本学科如何介入社会治理实践。

## 第二节　将心理学融入社会治理

开展社会治理的心理学研究，要从研究问题的辨识开始，即提炼出适合心理学研究的社会治理问题。要正确识别这些问题，我们必须从社会治理的心理内涵出发，认识到社会治理的核心是"人"，社会治理的主体是人，治理的对象是以人为中心的社会事务，治理的过程是多元主体的群体决策过程，治理的路径之一是面向人的心理建设。由此，我们提出，心理学家应该着力研究社会治理内生的各种心理学问题（辛自强，2018b），包括各种主体的治理能力，作为治理对象的现实社会心理问题（尤其是社会心态问题），群体决策心理，以及心理建设的战略和实践方案。对这些问题的深入研究，有望建立社会治理心理学的原创理论体系，实现"由心而治"。

### 一、如何辨识社会治理中的心理学问题

近年来我国心理学研究发展的一个突出趋势是日益关注重大社会现实问题。例如，一些心理学家号召走出实验室思考社会治理中的心理学问题（傅小兰、蔡华俭，2016；杨玉芳、郭永玉，2017），展示出学科发展新的价值取向。然而，究竟如何辨识社会治理中的心理学问题呢？目前常见的做法是，把现有的心理学研究，特别是社会心理学研究，尽量放在"社会治理"的标题下或背景下来思考研究的政策意义和实际价值。其逻辑是先做一般的心理学研究，后考虑其对社会治理的意义，希望将现有或原有心理学研究成果引申到社会治理层面，引起政府和社会的关注，体现心理学研究者的社会担当和社会价值。诚然，这一做法已经比传统上闷在实验室里做研究而不问时事的做法向前迈进了一大步，但这可能还不够，因为这种做法并没有真正站在社会治理的内在需求角度去识别其中的心理学问题并加以研究。

我们主张采用另一种研究逻辑——探讨社会治理的"内生"心理学问题（辛自强，2018b）。要想真正让心理学服务于社会治理的课题，我们需要识别出社会治理过程本身"内在"或"内生"的心理学问题并加以研究。通常所

说的各种一般的心理学问题，如民族心理问题、弱势群体心理问题、心理健康问题、网络心理问题，这些现实社会心理问题都很重要，都属于社会治理客体的一部分；然而，社会治理中的"心理学问题"并不限于此，还要涉及社会治理主体心理、群体决策心理和心理建设等重要方面。要准确界定社会治理的"内生"心理学问题，必须从社会治理的心理内涵说起。

## 二、社会治理的心理内涵

从字面上理解，社会治理就是对社会事务的治理。谁来治理？治理谁？如何治理？把这三个问题说清楚才能明确社会治理的本质，并阐释其中可能的心理内涵。

第一，社会治理有赖于多元主体。传统的统治思想认为，政府是社会公共事务的唯一管理主体，但是治理理论强调主体的多元性，政府当然还是社会治理主要的，甚至最重要的主体，此外，治理主体还包括非政府组织（或者说社会组织）、企业、公民个人等部门或力量。社会治理是由各类主体共同参与的过程，而非一家包揽或乾纲独断。

第二，社会治理的对象是以人为中心的社会公共事务。就字面而言，社会治理的对象当然是"社会"，要回答社会在哪里或社会是什么，却是个很难描述的问题。当前，建设中国特色社会主义事业的总体布局是"五位一体"，即经济建设、政治建设、文化建设、社会建设、生态文明建设，这五大建设形成一个整体。在这个整体中，除去其他四大建设的内容，就是社会建设了。无论说社会建设还是社会治理，核心内容是处理以人为中心的社会公共事务。社会公共事务是指为了满足社会全体或大多数成员的需要，体现其共同利益，让他们共同受益的那类"事物"和"事务"，如公共物品与公共服务。每个人作为社会成员构成了社会整体，社会治理就是要满足他们的公共需求和共同利益。

第三，社会治理需要综合使用行政、市场、民主决策等多种方式。"统治"主要以自上而下的政府行政体系来推动问题解决，治理过程中要综合发挥政府和市场这"两只手"的作用。此外，尤为重要的是，社会治理是多主体的，由各类人群和组织共同治理，为此就离不开协商民主，民主决策是治理最不同于统治的常用机制。

综上所述，社会治理是由多元主体通过包括民主协商、共同决策在内的多种方式管理社会公共事务的过程。我们可以从对社会治理本质特征的界定中推演出其四个方面的心理内涵。其一，社会治理的主体包括公务员和公民个人以及政府和社会组织，这就要研究这些作为治理主体的个人和组织机构的治理能力问题。其二，社会治理的对象是社会，社会是由人组成的，人们的社会心理，特别是社会心态本身就是社会治理要面对的内容；若从社会公共事务的角度来看，所谓"公共"是要满足社会大多数甚至全体成员的需要和利益，这就涉及人们的社会心理需求分析。其三，社会治理是多元主体协商、博弈的过程，其典型形式是多元主体就某一社会公共事务通过协商沟通进行群体决策的过程，而群体决策是心理学的研究内容。其四，要系统性地、有计划地解决社会治理主体、客体以及治理过程中各种心理方面的问题，国家和社会的各个层面都要开展必要的心理建设。

## 三、社会治理研究对象指向社会心理问题

### （一）社会心态研究

心理学介入宏观的社会治理研究和实践的首要任务（也是本来最擅长的任务）是清晰把握我国的宏观社会心理状况及其变迁规律，辨识各种现实的社会心理问题。社会心理问题涉及个体的社会心理和群体的社会心理两个层面。

个体社会心理的内容，包括个体社会态度（如歧视、偏见）、社会认知（如刻板印象、污名知觉）、社会行为（如亲社会行为、反社会行为）等。个体社会心理的治理并不是社会治理的重点，但也应在社会治理的具体实践中予以必要的关注。社会是由一个一个的个体组成的，在具体实践中我们总是要面对这些个体。因此如何调整个体的社会心理，也是社会治理不可或缺的内容。举例来说，居民的社区认同直接影响其社区参与行为和社区助人行为，决定社区治理的状况（Yang & Xin，2016；辛自强，2015）。因此，如何改

善每个居民的社区认同，就是社区治理的重要课题。我们发现，激活居民的"互依的"自我构念可以提升其社区认同（Xin & Ling，2017）。

群体社会心理的集中体现就是社会心态，当前我们面临的各种现实社会心理问题，首先是社会心态问题。诸如失落的社会情绪、失调的社会认知、失衡的社会价值观、失范的社会行为，所有这些社会心理问题都属于社会心态的范畴。随着我国社会的急剧变迁，社会心态变化快且复杂，它对个体、组织、社会和制度都有很大的影响。而且，作为社会变迁的表达和展现，社会心态折射了社会转型过程中整个社会的价值取向和社会共识性的变化。鉴于社会心态的巨大影响，党和政府已经明确提出要重视社会心态的调整和培育。2011年，"社会心态"被首次写入"十二五"规划，强调要"培育奋发进取、理性平和、开放包容的社会心态"。

面对改革开放后中国社会剧烈的变迁，社会心态成为社会心理学研究的核心内容之一，一批学者对社会心态的理论、研究方法作了深入探讨（马广海，2008；王俊秀，2011；杨宜音，2006；周晓虹，2014）。在实证研究方面，也取得了一些成果，如中国社会科学院社会学研究所发布的《社会心态蓝皮书》（王俊秀、杨宜音，2013）以及一批相关的论文报告。除了对社会心态的系统调查外，还有较多的研究者考察了社会心态的某个维度或内容，如社会情绪（马广海，2008；蓝刚，2016）、社会价值观等（Podoshen，Li，& Zhang，2011；Zeng & Greenfield，2015；金盛华、郑建君、辛志勇，2009）。

总结我国社会心态的研究，主要有三个方面的学术贡献。一是确定了相对被大家认可的社会心态的理论构想，即将社会心态区分为四个成分：社会情绪、社会认知、社会价值观和社会行为意向（马广海，2008；王俊秀，2014；杨宜音，2006；周晓虹，2014）。二是形成了社会心态测量的基本方法和工具（王俊秀、杨宜音，2013）。三是对我国国民社会心态的现状有了基本的描述和认识。所有这些工作都为今后的研究奠定了扎实的基础，然而，社会心态研究仍有待继续深入。社会心态作为社会变迁的动态反映，需要不断追踪监测，也只有基于纵向数据对比才能确定其变化趋势。例如，2013年发布的《社会心态蓝皮书》调查了北京、上海等城市居民的信任度，得出了"中国城市居民信任不及格"的结论（王俊秀、杨宜音，2013）。要判断"及格"与否，只能根据某个外在的绝对尺度去判断，然而这种尺度并不能被普遍认可。更必要的做法是作纵向比较说明我国社会信任的变迁趋势，然而以往这种横断面数据无法推论变迁趋势。因此，今后需要开展社会心态的持续监测，描述其变迁趋势，为社会治理决策提供依据。

### （二）国民心理变迁研究

大部分学者当前对宏观社会心理的关注，只是限于社会心态的调查和分析，而相对忽略了对国民心理变迁趋势的考察。这种忽视主要是因为缺乏大型的追踪调查数据库，但随着"横断历史元分析"方法的引入，这一问题部分得到了研究。

横断历史的元分析适于考察某个心理变量历年研究结果的连续变化过程。它通过搜集某一历史时期大量的实证研究，将历年的研究结果和年代变量建立联系，可以描绘出心理逐年变化的趋势，并以此为基础考察心理变迁与社会变迁的关系（辛自强、池丽萍，2008a，2008b）。这种方法最早由美国圣地亚哥州立大学的顿芝（J. W. Twenge，1997）提出并使用；在国内，辛自强课题组是这一方法最早、最系统的使用者，目前已经用该方法进行了近20项研究（如 Liu & Xin，2014；Xin，Niu，& Chi，2012；Xin & Xin，2016，2017；Xin, Zhang, & Liu, 2010；辛自强, 张梅, 2009；辛自强, 张梅, 何琳, 2012）。例如，辛自强、周正（2012）对采用 Rotter 人际信任量表调查大学生人际信任水平的53篇研究报告（共包括24233名大学生）的横断历史的元分析表明，我国大学生人际信任水平在过去的10余年间显著下降：相比1998年，2009年时大学生的人际信任得分从82降低至72，下降了1.19个标准差（即效果量 $d$=1.19，这是一个令人震惊的下降）。信任反映的是信任者和被信任者双方的人际关系状况，大学生信任水平的下降不仅反映了信任者的心理改变，更表明他人和社会变得不那么值得信任了。信任的下降有很多原因，我们认为其中的核心因素之一是我国的市场化进程：在过去几十年的市场经济发展中，我们过度消耗了信任这一支撑经济发展的重要资源（Xin & Xin，2017），同时，对信任起着保护作用的市场规则和社会规则却发育不足，从而造成了对信任者的损害（Zhang & Xin，2019）。

不仅信任在衰落，其他学者的研究揭示了老年人、职业人群等群体的心理变迁也有"恶化"趋势。两项横断历史的元分析研究表明，老年人心理健康变迁趋势并不乐观。1995年至2011年间我国老年人孤独感水平随年代的变迁呈上升趋势（闫志民等，2014）；1998年至2008年我国城市老年人抑郁症状检出率增加了21%，社会文化经济的不断发展并没有改善老年人的抑郁情绪问题（李晓敏、韩布新，2012）。一些职业人群的心理健康、工作满意度也在下降。1994年至2011年，中国教师的心理健康水平有所下降，尤其是焦虑症状、强迫症状（衣新发、赵倩、胡卫平、李骏，2014）。2003年至2013年，我国农民工的工作满意度整体水平呈下降趋势，尤其是在内陆省份工作的农民工、新生代农民工的工作满意度下降更为明显（李超、吴宇恒、覃飙，2016）。

横断历史元分析研究，对心理变迁的描述不是针对个体被试的，而是以"出生组"（birth cohort）这样的群体为单位做描述的，它反映的恰好是"社会群体"层面的心理，是"一代人"的心理特点，而非个体心理。就像上面关于大学生信任的例子，它反映的是每一代大学生对他人和社会可信性的总体判断，属于社会心态的范畴。这种关于心理变迁趋势的结果，难以通过少数几次的追踪调查加以确定，横断历史的元分析方法恰好解决了这个问题。不仅如此，这种元分析研究可以使用"滞后相关"的统计技术，揭示心理变量与社会变量之间的动态相互关系（Xin & Xin，2016）。例如，我们的研究揭示了中学生焦虑情绪与社会联结强度、社会威胁程度等社会变量的关系（Xin et al，2010），从而说明社会变迁如何预测心理变迁，或者是否存在反过来的预测模式；此外，我们还揭示了我国的市场化进程对信任衰落的负向预测作用（Xin & Xin，2017）。可见，今后有必要更多地借助横断历史元分析方法考察各国民群体的心理变迁问题，并且需要加强不同元分析结果的整合。

这种宏观的心理变迁趋势分析有助于社会心理的预测和预警，可以为社会治理指明方向。举例来说，我们在《中国社会科学》发表的对1980年至2011年中国人生育意愿的横断历史元分析研究（侯佳伟、黄四林、辛自强、孙铃、张红川、窦东徽，2014），有效刻画了中国人意愿生育数量30多年的曲线下降趋势，以及农村居民高生育意愿正在向城市居民低生育意愿趋近的现象，这为国家"单独二孩"政策和全面放开"二孩"政策提供了科学依据。因为方法的限制，人口学界之前并未获得这样的纵向变迁结果，我们首次将横断历史元分析方法引入人口学研究，带来了新的发现（侯佳伟、辛自强、黄四林、张梅、窦东徽，2015）。

### （三）其他内容和思路

对社会心态开展大规模的、系统调查可以迅速了解整体状况。相互补的另一条思路是，就专门内容开展深入研究。例如，可以针对社会情绪、物质主义价值观开展专题研究。

这种研究可以采取社会调查法，也可以基于文献或档案资料的分析，或采用网络数据挖掘技术开展研究。由乐国安教授带领的团队，通过构建微博基本情绪词库，结合在线文本词汇匹配技术对数百万用户的情绪进行分析，得到了快乐、悲伤、愤怒、恐惧和厌恶五种基本社会情绪，并考察了它在一周内以及关键社会事件前后的变化过程（董颖红、陈浩、赖凯声、乐国安，2015）。这一研究展示了网络数据挖掘对社会心态研究的重要价值。实际上，网络世界的各种集群行为，都是社会心态的指示器（乐国安、薛婷、陈浩，2010），值得进一步关注。

对不同历史时期特定语汇（如反映个体主义或集体主义价值观的代词）使用频率的分析，也可以揭示价值观或其他方面社会心态的变迁（Twenge, Campbell, & Genile, 2012; Zeng & Greenfield, 2015）。例如，顿芝等人（Twenge et al, 2012）对1960年至2008年70多万本美国图书中人称代词的使用特点进行了分析，发现这期间第一人称复数代词（we，us）的使用减少了10%，而第一人称单数代词（I，me）的使用增加了42%。她们认为这可以说明美国个人主义在上升，而集体主义在下降。

综上所述，今后对宏观社会心理的研究，一方面可以对社会心态现状开展大规模的调查；另一方面可以采用横断历史元分析、网络数据挖掘、语词分析等新兴技术，对社会心态特定方面的变迁，或国民心理变迁过程进行深入研究。简言之，我们既要关注当下的社会心态，也要关注纵向心理变迁，基于这方面的大量实证研究，才能准确把握并辨识各种现实的社会心理问题，为社会治理和心理建设找到准确的方向。

## 四、社会治理心理学展望

十八届三中全会将"推进国家治理体系和治理能力现代化"作为"全面深化改革的总目标"。"国家治理体系"和"治理能力"的关系就是"制度"与"人"的关系。传统上，政治学、公共管理学、社会学等学科对于社会治理的关注往往只限定在制度、结构等宏观层面，即治理体系问题。然而，制度不是万能的。制度再好，不能"落地"就会"悬空"，不能"运转"就会"僵滞"。让制度"落地"和"运转"需要人，需要有能力的人（徐勇、吕楠，2014）。人的作用不仅体现在治理主体方面，还体现在治理对象、过程、方法等多个层面。

我们认为，社会治理是由作为治理主体的人（公务员、公民）及其组织（政府机构、社会组织）实现的对以人为中心的社会事务的治理，而社会治理本质上是多元主体的群体决策过程，面向人的心理建设是社会治理的重要路径之一。由此可见，社会治理的核心是"人"的问题；心理学是研究人的科学，社会治理的各个层面都"内生出"大量心理学问题（辛自强，2018b）。本书第一章就是从总体层面阐述这一理论观点，其后各章则对这一观点进行分述（可参考图6-1）。

首先，治理的主体是人，包括个体及其代表的组织。个体的治理能力、组织的治理效能决定了社会治理的质量。俞可平（2014）在论述国家治理能力时曾强调，官员的素质能力是直接的影响因素。对于公民而言，积极参与社会治理的意识和行为最为重要，因为在我国，人们普遍缺乏公民治理意识与公民精神，缺乏参与公共事务的动机，缺乏维护公共利益的意识（梁莹，2012）。组织的治理效能既取决于其中的个体素质，如政府组织中的官员、社会组织中的社会工作者，也取决于良好的制度设计。这方面值得研究的心理学问题是政府官员的社会治理能力，公民社会参与意识，政府和社会组织的治理效能的内涵、结构、测量工具或方法及其相关因素问题。这方面的问题，我们课题组目前很少涉及，故本书不作专门探讨。

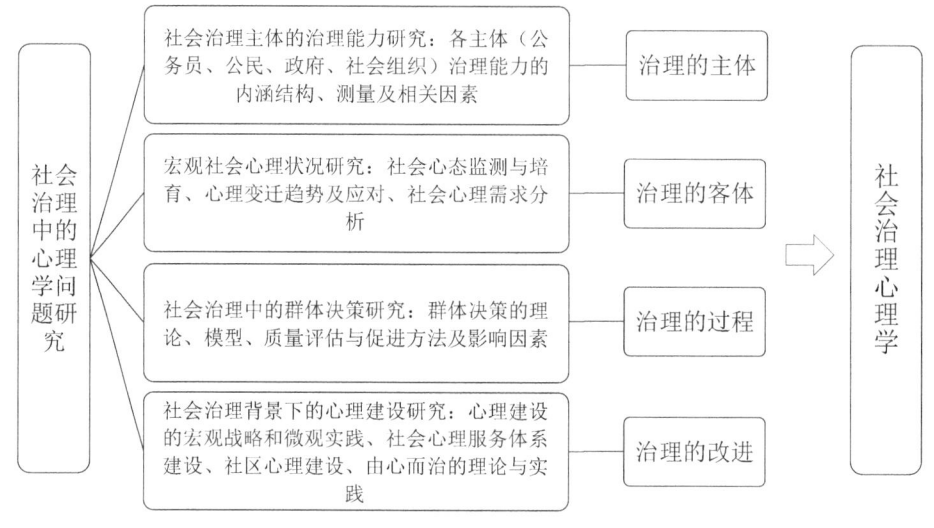

```
社会治理中的心理学问题研究
├─ 社会治理主体的治理能力研究：各主体（公务员、公民、政府、社会组织）治理能力的内涵结构、测量及相关因素 → 治理的主体
├─ 宏观社会心理状况研究：社会心态监测与培育、心理变迁趋势及应对、社会心理需求分析 → 治理的客体
├─ 社会治理中的群体决策研究：群体决策的理论、模型、质量评估与促进方法及影响因素 → 治理的过程
└─ 社会治理背景下的心理建设研究：心理建设的宏观战略和微观实践、社会心理服务体系建设、社区心理建设、由心而治的理论与实践 → 治理的改进
⇒ 社会治理心理学
```

图 6-1 社会治理心理学的研究问题框架

其次，治理的客体是以人为中心的社会事务。社会治理的对象是社会，社会是由人组成的，人们的社会心理问题，特别是社会心态问题本身就是社会治理要面对的内容；不仅是社会心态，各国民群体在关键心理指标上的恶化趋势尤其值得关注。另一方面，若从社会公共事务的角度来看，所谓"公共"是要满足社会大多数甚至全体成员的需要和利益，这就涉及人们的心理需求分析。只有弄清楚社会成员的需求，才能通过社会治理过程提供合适的公共物品与公共服务。由此，作为心理学工作者，在社会心态、国民心理变迁、社会心理需求分析等方面都有大量的研究工作可做。

再次，治理的过程是多元主体的群体决策过程。如前所述，社会治理实践过程实际是一种心理活动群体决策。目前心理学的决策研究主要涉及个体决策和相互决策两类（辛自强，2014a，2014b）。前者指个体直接面对某种客观的任务情境进行决策；后者指两人之间进行的类似游戏的决策，这时，一方的选择要以另一方的选择为条件或受其影响，这种决策被称为"博弈"或"对策"。在这些决策和博弈任务中（如囚徒困境、最后通牒博弈、独裁者博弈、公共物品博弈），任务情境都是极为简化的，信息往往是给定的，通常也不涉及特别复杂的人际互动或制度背景。这完全不同于真实社会治理过程中的群体决策。在社会治理的群体决策中，面对的任务情境往往是结构不良的，信息条件是不确定的,决策主体是多元的,决策主体的心理状态是不断改变的,存在复杂的人际互动过程,决策过程往往持续很长时间。因此,今后的研究需要开发针对社会治理中群体决策过程的理论模型、实验范式以及群体决策质量评估方法,探讨群体决策的影响因素和改善方案。

最后,治理的路径之一是心理建设,要"由心而治"。若社会治理的核心是"人"的问题,那么问题解决之道就是开展面向人的心理建设,实现"由心而治":把现实社会心理问题作为社会治理的对象;把提升治理主体的社会治理能力作为改进社会治理的前提条件;把改善群体决策质量作为社会治理干预的核心内容;依循心理学规律开展各项社会治理实践;把心理学方法和技术作为社会治理的工具选项。对于心理建设,可能要从国家战略的高度来认识,并提出切实可行的、总体的或专项的心理建设实践方案。这些都是心理学家要解决的问题。

综上,要推进社会治理体系和治理能力的现代化,就必须重视"人"的问题,这里面涉及大量"内生的"心理学问题,心理学家大有可为之处。自从十八届三中全会将"推进国家治理体系和治理能力现代化"作为"全面深化改革的总目标"之后,每年发表的篇名带有"社会治理"字样的中文文献暴增,2013年只有300余篇,2014年及此后的每年都超过2000篇,但其中心理学家的声音非常微弱。就如同杨玉芳和郭永玉(2017:109)指出的:"我们应该有勇气去探索,并在这些重大的社会进程中发出心理学的声音。"

《中庸》有语曰:"君子尊德行而道问学,致广大而尽精微,极高明而道中庸。"心理学的优长是实验室里"尽精微"的实证研究,然而,近年来的一个新趋势是心理学界在不断探索如何让本学科"致广大"理解并改变社会现实。其中,社会治理中的心理学问题成为关注焦点。心理学家传统上多习惯于实验室的微观研究,很少思考如何将心理学与宏观的社会治理联系起来,这大大限制了心理学的现实价值。当前心理学的发展,必须做出"更加现实的转向",通过参与社会重大现实问题的解决,确立学科自身的价值,而我国的社会治理改革恰好是心理学可以大有作为的领域。实际上,反观目前绝大多数心理学学术论文"问题提出"的逻辑就可以明白这一点:我们总是试图在前人文献中寻找一点不足和纰漏,然后小心翼翼地进行实验改进,由此来论证研究的必要性与价值。容易所忽略的是：比研究的累积式改进更重要的是我们应该直接研究社会现实中的重大问题，服务于国家和社会发展。当然，这两种问题提出的逻辑并不矛盾，但面向现实问题的研究更能产生根本的知识进步，更有利于建立本土知识传统，并发挥心理学在"理解"与"改变"现实方面的作用（辛自强，2017b）。心理科学在历经百余年发展后所积累的强大理论体系、方法技术知识，完全可以服务于当前中国的社会治理实践，并在对这一实践的心理学研究中产生我们自己的原创性成果。

我国实现国家治理体系与治理能力现代化的改革总目标已经确定，创新社会治理的方向也已经明确。然而，现实的社会治理水平离真正的治理理念，离"善治"的目标还有很大的距离，心理学的介入将有助于更快速地跨越这段差距，尽快实现改革的目标。突破社会治理的现实困境，需要"心理转向"：从心理学视角出发，提升主体的社会治理能力或心理素质，做出合理的群体决策，解决现实中的社会心理问题，通过心理建设的路径实现社会治理。心理学家在这方面的努力，有望建立"社会治理心理学"的本土原创理论体系（辛自强，2018b），有效响应国家在社会治理和社会心理服务体系建设方面的重大需求，为相关政策和实践提供学理思路和科学依据。"加强社会心理服务体系建设"这一新时代背景，构建社会治理心理学的崭新学科愿景。

# 第七章 社会心理服务体系建设

如今,"加强社会心理服务体系建设"已经成为国家层面的战略部署。然而,学界、公众乃至各级政府对社会心理服务体系的内涵并没有形成一致的认识,争论和误解颇多。认识的偏差,必然造成实践的偏差,对各地社会心理服务体系建设实践的调研印证了这一点。然而,若从社会治理心理学的角度来审视社会心理服务体系建设,则可拨云见日,洞察其本质。

## 第一节 社会心理服务体系建设的定位

当前人们对"社会心理服务体系"的内涵和外延争议颇多。严格来讲,"社会心理服务体系"是"社会心理的服务体系",它与"心理健康服务体系"截然不同。社会心理服务体系建设应该从国家和社会治理体系现代化的高度出发,突破旧有的"心理健康服务"观念,着重解决宏观社会心理问题。为此,需要建立专责的行政主体,加强工作的科学性,建设专业人才队伍,协调发挥市场和政府的作用。

### 一、社会心理服务体系内涵之争

中共十九大报告(2017 年)已经明确指出要"加强社会心理服务体系建设,培育自尊自信、理性平和、积极向上的社会心态"。社会心理服务体系是新生事物,也是一个新概念,人们如何认知它,即拥有什么样的内隐观念或理论认识,将决定政策设计的走向和可行性。然而,究竟何谓"社会心理服务",如何建设相应的体系,学术界并没有明确的界定,学者和公众并没有达成共识。中央目前尚无专门的指导性文件,在这个背景下,学术界对社会心理服务体系内涵的认识出现了明显的分歧,存在观点之争。2018年5月,辛自强在《心理技术与应用》杂志发表了《社会心理服务体系建设的定位与思路》的文章,总结了人们对社会心理服务是"心理健康服务"还是"社会心理的服务"(社会治理观点)的争论,并旗帜鲜明地阐发了个人主张(辛自强,2018c)。

辛自强指出,当时对社会心理服务体系建设大致有三种不同的看法:看法一是"社会的心理健康服务体系",看法二是"社会心理的服务体系",看法三是"社会的心理服务体系"。看法一主要来自一些卫生系统的官员和学者,是过去"心理健康服务体系"这一习惯提法的延续,认为"加强社会心理服务体系建设"就是要在社会层面建设心理健康服务体系;看法二是一种狭义的理解,认为既然十九大报告中这样表述——"加强社会心理服务体系建设,培育自尊自信、理性平和、积极向上的社会心态",那么社会心理服务体系建设就是为了解决社会心态和社会心理问题;看法三是一种广义的理解,它既包括狭义的"社会心理的服务体系",也包括先前所说的"心理健康服务体系"。

辛自强(2018c)认为在这三种看法中,第三种只是一种权宜性看法,真正的争论存在于第一种和第二种观点之间,即社会心理服务体系是否等同于心理健康服务体系的问题。辛自强至今始终坚持,在理论上必须严格区分二者,社会心理服务体系不是心理健康服务体系,二者不能混为一谈,否则会带来政策和实践的偏差及不良后果。之所以有这种笃定的看法,是因为辛自强采用各种方法进行了仔细的研究才得出了这样的结论。

## 二、关于社会心理服务体系建设的政策建议

党的十九大报告提出要"加强社会心理服务体系建设"。然而"社会心理服务体系"是近年来党和政府的一种新提法,之前学术界并无系统研讨,政

府部门也很少有专门的政策和系统的实践，由此人们对其内涵和外延的争议颇多。我们认为，当前的首要问题是正确理解社会心理服务体系的性质与定位，然后设计科学的建设思路。

**（一）建立科学的概念认知：社会心理服务不是"治病救人"**

基于深入调研和理论思考，辛自强（2018c）提出，"社会心理服务体系"在严格意义上应该理解为"社会心理的服务体系"，主要针对社会心态培育、社会心理疏导、社会预期管理、社会治理的心理学策略的运用等，其核心目的是解决社会宏观层面的心理建设问题，尤其是要培育自尊自信、理性平和、积极向上的社会心态，为中华民族伟大复兴而凝心聚力。社会心理服务体系建设的目标内涵是社会心态培育及社会心理的建设；与此同时，它还有手段或方法内涵，就是按照心理学规律开展社会治理，实现"由心而治"（见图7-1）。（辛自强，2018c）

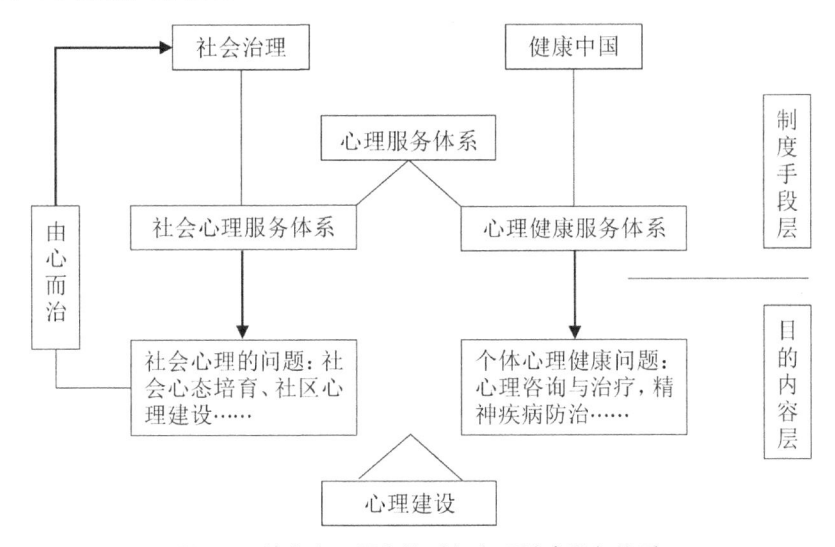

**图 7-1 社会心理服务体系与心理健康服务体系**

心理健康服务体系则是面向个体层面的，包括由政府、社会、社区、企事业单位等提供的精神科门诊、心理咨询和治疗、员工心理援助、心理健康教育、心理健康知识宣传等，它以解决个体的心理疾病、促进心理健康为目标；虽然它可以防止个体心理问题引发社会问题，但也只是在这个意义上与社会心理服务体系有逻辑关联，而并非社会心理服务体系的核心内容。

总之，社会心理服务不是"治病救人"。"社会心理服务体系"与"心理健康服务体系"是有根本区别的两个概念，二者各有明确的含义不能相互替代，不能混同使用（见表7-1、图7-1）。从内容方面看，前者侧重社会宏观层面的社会心态问题的解决，是社会治理体系的一个方面，其核心不是个体心理健康与否的问题（虽然多少与此有点关系）；后者是要解决个体心理健康问题。从理论视角来看，前者采用社会的或社会心理的视角，采用发展的视角；后者则采取个体的视角，采取病理学和医学的视角。从服务对象来看，前者针对社会群体层面的心态培育和心理建设；后者服务于有需求的个体。从服务主体来看，前者是由政府来主导的一项社会治理工作；后者则是由医院精神科、心理咨询室等机构来提供服务。就官方相关文件来说，中央文件（前述文件1和文件3）关注的是社会心理服务体系；卫健（计）委文件（文件2和文件4）关注的是（本应是）心理健康服务体系。

表7-1 社会心理服务不等于心理健康服务

| 两种心理服务体系 | 内容 | 视角 | 服务对象 | 服务主体 | 官方相关文件 |
| --- | --- | --- | --- | --- | --- |
| 社会心理服务体系 | 社会心态问题；社会治理问题 | 社会/社会心理视角；发展视角 | 社会群体 | 政府主导 | 中央文件 |
| 心理健康服务体系 | 心理健康问题 | 个体视角；病理视角 | 有需求的个体 | 咨询室等机构 | 卫健（计）委文件 |

### （二）正确定位社会心理服务体系建设

社会心理服务体系是社会治理体系的一部分，用于解决社会心理（特别是社会心态）问题，根据心理学规律开展社会治理，实现善治。我们要谨防用心理健康服务的思路理解社会心理服务体系建设，不能从精神病防治、心理咨询和治疗的角度来定位社会心理服务体系建设。在整个社会中，患有精神疾病、心理疾病的只是极少数，社会治理中不能对公民做"有病假定"。社会心理服务体系是要解决社会心态问题，如改善失衡的社会价值观，减少失落的社会情绪，提升社会信任水平，增强获得感和幸福感，这些问题都不是健康与否的问题。解决社会心态问题,要靠利益结构调整、舆论引导、价值观教育等宏观社会方法,而非放在精神科门诊和心理咨询室里来解决。

对社会心理服务体系建设要正确定位,就要充分理解如下三点。

首先,要站在国家治理体系现代化的高度看问题。社会心理服务体系是社会治理体系的一部分,是国家治理体系现代化的重要内容之一。社会治理是由作为治理主体的人(公务员、公民)及其组织(政府机构、社会组织)实现的对以人为中心的社会公共事务的治理,而社会治理本质上是多元主体的群体决策过程。由此可见,社会治理的主体、客体、过程都涉及"人"的问题;心理学是研究人的科学,社会治理的各个层面都"内生出"大量心理学问题(辛自强,2018b)。因此,社会治理体系建设离不开心理学的支撑,离不开社会心理服务体系建设,这是国家治理体系现代化的必然要求。

其次,要突出"社会"和"社会心理"视角,着重解决宏观社会心理问题。社会心理服务体系侧重解决全社会面临的普遍性、群体性、涌现性的社会心理问题,而且不能将这些问题还原成个体心理健康问题。例如,如何促进不同社会群体之间(如城乡之间、民族之间、阶层之间)的相互理解、接触与融合,如何通过共同梦想、共同理想、共同目标凝聚民心以共同实现中华民族伟大复兴的中国梦,如何针对社会变迁对公众心理的影响进行合理疏导,这些都不是心理健康问题,而是社会心理问题。鉴于很多地方(甚至包括一些试点城市)的社会心理服务实践都不同程度地滑入了个体心理健康服务的旧思维中,这里尤其要强调社会视角、社会心理视角的重要性。

最后,通过"由心而治"的路径实现国家和社会的"善治"。社会心理服务体系建设将引导人们关注公共管理和社会治理的心理规律问题,它提供了"由心而治"——依循心理行为规律和心理学方法实现"善治"的重要路径。当今以人民为中心的发展思想,更是要求社会治理在方式上更多诉诸软治理、巧治理,减少那种简单粗暴的硬治理。为此,要善于遵循并运用心理规律,采用心理学方法和技术来开展社会治理。社会治理若能尊重并遵循人类心理和行为规律,则事半功倍,使治理效果"入脑入心",并赢得人们的理解与支持;相反,那种见物不见人,单纯基于行政强制和利益诱导的治理方式经常会引发新的矛盾并带来巨大的治理成本。

### （三）以创新的思路推进社会心理服务体系建设

第一，改变传统观念，形成正确理念。很多官员、学者和公众，在讨论心理学的社会价值时，都一直固守在心理健康或心理疾病治疗的轨道里，以至于今天还有人将社会心理服务体系等同于心理健康服务体系，没有意识到心理学知识和方法对国家治理和社会治理的重要意义。因此，一方面要通过各级党校、行政学院以及政府部门的内部培训平台，加强对公职人员社会心理服务能力的建设，使其掌握社会治理的心理学规律，正确认知社会心理服务体系的含义；另一方面要加强公共宣传，传播正确理念以消除人们的误解。我们应该认识到社会心理服务体系不等于心理健康服务体系，不同于社会风险防控体系，也不是简单抹平社会问题的手段。

第二，明确行政主体，设立分工协调机制。目前与社会心理服务体系建设有关的部门包括政法委、综治办、维稳办、宣传部、社工委、卫健委、民政部等党政部门，各地实际的行政主体及其运行能力也千差万别。例如，北京市曾主要由社工委负责社会心理服务体系建设，然而在很多省份并不存在社工委这样的部门。总体而言，我国的社会心理服务体系建设尚缺乏一套自上而下的、明确的、专责的行政体系和责任主体，这非常不利于工作推进。此外，这一工作需要多部门协调，跨部门协调机制有待建立。随着党和国家机构改革方案的落地，各地政府应该尽快研究确定社会心理服务体系建设的主责部门，出台相应的指导意见。更为重要的是，在中央层面，应该建立由政法委牵头的社会心理服务体系建设的领导和管理体制，而卫健委应该回归到心理健康服务工作中去，不要伸手包揽社会心理服务体系建设的工作。

第三，加强科学研究，提高工作科学性。目前，各地虽然已经开展了一些社会心理服务体系建设的尝试，但是如何界定社会心理服务体系建设，它与社会建设以及"健康中国"建设，究竟是什么关系，它的内涵和外延是什么，建设思路是什么，依然需要系统研究。我们应该组织心理学、社会学、管理学等学科的专家开展跨学科研究，进行深入的理论思考和经验调查，基于科研成果加强对各地社会心理服务体系建设实践的理论指导，增强工作的科学性。

第四，建设专业人才队伍，实现社会心理服务的专业化。开展社会心理服务需要大量的心理学、社会工作等方面的专业人才，然而政府部门有这些专业背景的公务员数量明显不足。因此，在公务员招考中，应该加强相关专业人员招考力度。此外，目前高校在这些专业人才的培养方面，还很少考虑到社会心理服务体系建设的重大现实需求，建议在有条件的高校设立社会心理服务的本科和专业硕士培养方向，并探索建立"社会心理服务师"职业资格和职级认证体系，打通其进入公务员队伍的渠道。总之，要培养更多专业的人，并让专业的人做专业的事。

第五，培育社会心理服务企业，协调发挥市场与政府的作用。社会心理服务体系建设虽然主要是政府在推动，但是具体的社会心理服务工作可以充分发挥市场机制的作用，通过建立"社会心理服务公司"（或事务所）这样的社会企业来实现"供给侧"改革，以纠正过度依赖医疗机构、心理咨询公司、社工事务所可能造成的偏差。政府要做的是，建立能够促进这类社会企业发展的措施，特别是购买其社会心理服务的机制和平台，而非让政府自身完全陷入社会心理服务的具体事务中。例如，这些社会心理服务企业可以协助政府开展社会心态监测，对特定群体进行社会心理疏导，开展社会治理的心理学方法培训等。然而，与面向个体的心理健康服务不同，相当一部分社会心理服务工作都要由政府直接承担。

党中央已经指明社会心理服务体系建设的方向，我们应该在建设理念、体制机制、科学研究、人才队伍、市场与政府协同等方面有所创新，扎实推进相关工作，为社会和谐、民族复兴凝心聚力。

## 第二节　社会心理建设的历史演进

从社会心态培育、社会心理建设角度推进社会改良和发展并非新的思想，这一思想有着悠久的历史，这一实践也经历了百年。

儒家传统文化中有许多社会心理建设的思想，比较典型的是《大学》中所讲的"三纲""八目"，也就是"明德，亲民，止于至善"和"格物、致知、诚意、正心、修身、齐家、治国、平天下"。《大学》开宗明义,"大学之道,在明明德,在亲民,在止于至善"。尽管对"三纲"有众多解读,但大致含义是弘扬光明正大的品德,使人弃旧图新,达到最完善的境界,这是《大学》提出的教育纲领和培养目标。由主持西南联大常务工作的清华大学校长梅贻琦列出要点,清华教务长潘光旦先生代拟的《大学一解》一文,发表于1941年4月的《清华学报》第13卷第1期。文中指出:"格物""致知""诚意""正心""修身"这5条属于"明明德",而"齐家""治国""平天下"这3条属于"亲民"。"八目"的关系是,"古之欲明明德于天下者,先治其国;欲治其国者,先齐其家;欲齐其家者,先修其身;欲修其身者,先正其心;欲正其心者,先诚其意;欲诚其意者,先致其知,致知在格物"。"物格而后知至,知至而后意诚,意诚而后心正,心正而后修身,修身而后家齐,家齐而后国治,国治而后天下平。"这一论述其清晰的逻辑就是把修身作为治国的基础,修身则以"格物致知""诚意""正心"为基础,用现在的话说,就是社会建设、社会治理要以心理教育、行为养成为基础,这也是我们所讲的心理建设的核心内涵。

受儒家传统思想影响,也受西方心理学思想的影响,在中国近代一些思想家、教育家、政治家也在尝试社会心理建设的实践。国民心理建设是孙中山救国、建国思想的重要内容,被他放在《建国方略》的首位。

他不仅从革命、立国、建国诸方面强调了国民心理建设的重要性,而且从多方面论述了国民心理建设的基本内容他从中国现实出发,把国民心理建设作为精神文明建设的核心,与国家的物质文明建设相并列、相对应(朱小玲,1996)。孙中山的《建国方略》写于1917—1920年,包括《孙文学说》《实业计划》《民权初步》。《孙文学说》又名《知难行易的学说》,后编为《建国方略之一:心理建设》。在这本书中孙中山指出:"夫国者,人之积也。人者,心之器也。国者,一人群心理之现象也。是以建国之基,当发端于心理。"(孙中山,1986)他认为:民国之所以建立,是建于国民之心,人心就是立国的根本;国家要巩固,也要用人心作基础(朱小玲,1996)。孙中山在推动社会变革的实践中体会到社会心态的核心作用,在今天社会转型和变迁中,社会心态依然是一个动力因素。

20世纪初,梁启超受法国群体心理学者勒庞(Gustave Le Bon)等人社会心理理论的影响,认识到社会心理在历史进程中的作用,提出必须探求时代的社会心理状况,考察其如何蕴积、发动和变化(陈其泰、宋学勤,2005)。他指出:"由人类心理之本身有突变的可能性。心理之发动,极自由不可方物。无论若何固定之社会,殊不能预料或制限其中之任何时任何人忽然起一奇异之感想,此感想一度爆发,视其人心力之强度如何,可以蔓延及于全社会。"加之,"由于环境之本身为蓄变的,而人类不能不求与之顺应。无论若何固定之社会,其内界之物质的基件终不能不有所蜕变,变焉而影响遂波及于心理"(梁启超,1999:41-48)。

梁启超从心理史学的角度涉及了现在社会心态研究的内容,他认为:社会心理是由特定时代、特定人群中个人的需要、意志、感情等心理状况汇集而成,是"个人心理之扩大化合品",同时这种社会心理的特点又会在个人心理上表现出来,两者互相依存,他说:"吾以为历史之一大秘密,乃在一个人之个性,何以能扩充为一时代一集团之共性,与夫一时代一集团之共性,何以能寄现于一个人之个性。申言之:则有所谓民族心理或社会心理者,其物实为个人心理之扩大化合品,而复借个人之行动以为之表现。"(梁启超,1999:41-47)这样的论述非常明确地道出了社会心态的内在机制,个体心理如何成为一种社会心态,这种社会心态又如何影响每一个个体。

中国近代教育家蔡元培是现代实验心理学创始人、德国的威廉·冯特唯一的中国学生,他曾两次去德国留学1908年10月—1911年11月在莱比锡大学先后选修哲学、文学、文明史、心理学、美学、美术史、民族学等近40门课程(杨鑫辉,1998)。蔡元培对国民教育的发展提出了重要的观点并作出了巨大的贡献,他一生都致力于使学生身心全面发展,他提出的"五育"是其思想核心。他指出:"军国民主义者(体育),筋骨也,用以自卫;实利主义者(智育),胃肠也,用以营养;公民道德者(德育),呼吸机循环机也,周贯全身;美育者(美育),神经系也,所以传导;世界观者,心理作用也,附所于神经系,而无迹象可求。此即五者不可偏废之理也。"(蔡元培,1987:47)他认为:"以心理学各方面衡量之,军国民主义毗于意志;实利主义毗于知识;德育兼意志情感二方面;美育毗于情感;而世界观则统三者而一之。"

（蔡元培，1980）他是中国教育史上完整使用"人格"一词的第一人，他提出："所谓健全人格，分为德育、体育、知（智）育、美育四项。"（蔡元培，1987：303）并强调人格培育的重要性，"陶养吾人之感情，使有高尚纯洁之习惯，而使人我之见、利己损人之思念，以渐消沮者也"（蔡元培，1987：181）。蔡元培的这种思想不仅适用于学校教育，也适用于社会教育；不仅适用于20世纪的早期，也适用于当前社会。在学校教育严重应试化问题突出的今天，他的这些思想依然有现实意义。

梁漱溟在中国传统哲学的基础上，以形而上学的方法，由人生探求人心，涉及心理学的学科性质、心理的实质及人类心理的基本特征等心理学的基础理论问题，在研究对象及方法论上给我国心理学的研究以启示，是中国传统意义上的哲学心理学（张秀军，2001）。梁漱溟不止于哲学、心理学的探讨，更是亲身致力于乡村教育，注重乡村建设中的民众教育。他提出了农民自觉自省以及知识分子要在其中发挥作用的观点，认为乡村作为中国传统文化之根，其破坏正是因为我们对于西方思想的全盘接受、全部否定以及传统文化的丢失。要想重新正确地建设中国人的心理、恢复社会的秩序，需要以中国的传统文化，尤其是儒家文化为基础，结合西方的先进思想，把握好两者的关系并融会贯通，对国民进行重新教育，对社会进行重新整顿。他指出："认识古人的道理，让他已失去的合理观念恢复起来，把传统的观念变为自觉的观念；让他安定，让他看见前途。"（梁漱溟，1990）在我国大力发展城镇化的今天，城乡二元结构不仅体现在社会层面，也体现在社会心理层面，乡村建设和农村居民的城市化都突出地体现在教育和心理培育上，这是真正消除城乡二元结构的关键。

20世纪初的心理建设实践在之后的社会发展和社会建设中的延续并不突出，其原因是多方面的，其中一个原因是不同历史时期所面对的问题和主要矛盾不同，在我国经历了长期的经济快速增长和国力快速强盛的基础下，在经济新常态和社会矛盾及社会问题凸显的背景下，启动社会心态培育和社会心理建设的意义凸显，这将对提高我国软实力、践行"中国伟大实践和中华民族复兴"起到重要作用。

## 第三节　社会心理建设的路径

社会心理建设包含两条路径：其一是个体心理建设，其二是群体心理建设，或者是社会心态培育和狭义的社会心理建设。

个体心理建设更多地关注个体发展，包括一个人成长过程中的身心健康和健康人格的养成以及在不同人生阶段所经历的，诸如青年成长困惑、婚恋困惑和挫折、人生发展和择业、疾病挫折、衰老和死亡、社会环境适应等多方面的内容，这些内容与社会发展环境及变化有关，更主要决定于个体的社会心理特征、人格特征。通过100多年的发展，心理学的研究领域不断扩大，研究成果不断深入，许多分支领域的研究成果直接服务于人们的生活，也为不同领域制定社会政策提供着科学研究的支持。从20世纪80年代心理学重建开始，国内心理学的发展非常迅速，许多综合性大学建立了规模较大的心理学院或心理学系、心理学研究所，认知心理学、教育心理学、发展心理学、心理咨询和治疗、健康心理学、组织管理心理学、环境心理学等分支学科具有较高的研究水平和应用能力，培养了大量的心理学人才，可以在个体智力和人格、心理健康与心理疏导、家庭与婚姻和谐、重大危机事件处理、教育改革、特殊人群等方面提供社会服务和公共政策研究和咨询。在未来的社会心理建设中，国家应该制定全社会的心理建设规划，为个人的身心健康提供全面支持。

心理建设的第二条路径是狭义的社会心理建设，也就是从社会心态培育转化为社会心理建设。个体心理是群体心理的基础，但个体心理建设并不必然会产生我们希望的社会心态环境，个体心理成为一种社会心态受很多因素制约，因此，心理建设并不能代替社会心态的培育和社会心理建设。

社会心态是和社会转型、社会发展和变迁密切相关的，其中，文化对人的行为和社会的发展有着深刻的影响。从社会心态的视角看，社会心理建设包含社会环境、社会稳定、心理健康、社会凝聚力、社会共识、社会价值观、社会情绪等方面的建设。社会心理建设可以促进社会治理水平的提高。

党的十八届四中全会《中共中央关于全面推进依法治国若干重大问题的

决定》提出:"坚持依法治国和以德治国相结合。"社会道德建设既要完善公民人格,推动全社会的私德培育和公德养成,法治国家的建立也要求完善个人法制观念,"依法治国"和"以德治国"相结合要以每个公民的道德行为和法治行为为基础。而与这些紧密联系的还有社会认知态度、社会情绪和社会价值观等,它们共同决定着社会的发展,而这些内容均属于社会心态的方面,也是社会心理建设的主要内容。实现"国家富强、民族振兴、人民幸福"的"中国梦",明确了"中国梦"与人民幸福的关系。这种新的发展观把可持续发展和以人为本作为重要内容,特别是把国民的幸福明确为政府执政的目标。而个人与国家、民族的关系,人民幸福和社会发展也都是社会心理建设的重要研究内容。

从社会心态培育到社会心理建设,主要的差异在于,目前社会心态的培育目标相对概括和笼统,没能指出所要培养的社会心态的具体目标是什么。而社会心理建设则是从社会心态的构成和构成因素间的相互作用和影响以及社会心态的主要体系和指标出发,把社会心态培育的目标分解为实现的指标和指标的组合。而社会心态主要目标的确立原则就是一个好的社会、一个健康向上的社会、一个具有集体思维和不断进步的社会应该具有怎样的社会心态。社会心理建设就是对于这样的社会心态实现的系统性实践。

概括起来,社会心理建设的核心内容包括如下几个方面:

(1)切实的基本社会需求。人的需求是多样的,也是无止境的,因此,社会需求的满足不能是无限度的,而是符合社会客观现实的基本需求。多亚尔和高夫(2008)提出任何社会都要满足4个基本需求:"第一,任何社会都必须生产足够的满足物以确保最低水平的生存和健康需要,同时还有其他工艺品和具有文化意义的服务。第二,社会必须保证一个适当的繁衍和儿童社会化的水平。第三,社会必须保证生产和繁衍所必需的技能和价值观能够在足够份额的人口之间传播。第四,必须建立某种权力制度以保证遵守规则。"个体的基本需求要放在社会和全人类的背景下,需求的满足并不仅仅是满足个人的利益,也必须维护社会的利益。在生态环境恶化、能源危机日盛的今天,社会应该提倡简约的生活,约束过度的、奢靡的、非可持续性的需求。

(2)客观的社会认知。社会心理建设总的目标和方向是社会整合、社会和谐、社会成长和社会进步。社会认知是影响这一目标和方向的重要内容，一个社会个体的认知是多样的，也是难以做到人人都客观的，但作为一个良性的社会，一个健康社会的心态的标志是群体思维，是社会思维，也就是一个社会是否具有理性思维的机制，社会只有理性思维才能形成社会共识，用莫斯科维奇的概念就是"思维社会"。"发展心理学把思维的发展是看作个体成长的重要标志，社会心态理论把社会的思考能力、反思能力看作社会成长和成熟的标志，思维社会是健康社会应该具有的心态。"（王俊秀，2014）

（3）健康的社会情绪。社会情绪是社会心态的核心组成要素，是构成社会心态的动力机制和社会运行的调控和凝聚机制。社会情绪是多样化的，随着社会事件的发生，群体性的、外显的社会情绪会随时发生变化。在成熟、健康的社会中主导的情绪是积极的、正向的。社会情绪对社会行为具有调节作用，积极的社会情绪有助于调节社会心态。同时，社会情绪是社会运行状况的指征，是晴雨表。更为重要的是社会情绪还具有动力机制，是把人们联系在一起的"黏合剂"。社会情绪是一个群体和社会中多数成员共享的情绪体验，是社会团结和社会凝聚的力量，能避免"社会疏离"，实现"社会整合"，推动社会发展和进步。

（4）积极的社会价值观。社会价值观是多元的，很难出现某一种价值观念的垄断局面。多元的价值观被不同的个体所接受，在社会中产生着不同的影响，社会核心价值观是这些价值观念中被更多人所接受的价值观。随着社会的发展，社会核心价值观会具有一定的趋向性，社会的良性发展会使得社会共识更容易达成，社会倾向于出现共享的情绪，这些构成了社会的核心价值观形成的基础。不断形成的社会核心价值观又会推动社会需求的满足、社会共识的达成和社会共享情绪的形成，促进社会核心价值观念的不断稳定和成型。

（5）更强的社会凝聚力。一定时期会形成一定的社会需要、社会共识、社会主导情绪和社会核心价值观，这些核心要素构成的体系就决定着社会的行为，也在一定程度上决定着这个时期个体的行为。对于一个健康的社会而言，其社会心态应该是基本社会需求得到满足，社会具有普遍共识，社会具有共享的价值观念和社会情绪，这样才能使得社会从整体上是团结的、合作的，具有更强的社会凝聚力，使得社会不断成长和进步。

# 第八章 社区心理建设

## 第一节 社区心理建设的背景与内容

社会治理的一个典型场域是社区,社区治理同样具有心理学本质。我们提出了"社区心理建设"的理念,试图弥补当前社区治理和社区建设"见物不见人"的弊端,推动"以人为中心"的社区治理实践。本章不仅要论证社区心理建设理念的合理性,更要阐述其内容和实践方案。

社区不仅是每个居民的栖居之地,更是建基于共同心理基础上的社会生活共同体,应该是每个居民的"心之所系"。社区心理建设是社区治理的题中之意,是创新社区和社会治理的重要着力点。

### 一、"社区心理建设"概念的提出背景

"社区心理建设"的概念是由辛自强提出的,他对社区心理学问题的关注大致是从2013年开始的,最初的兴趣来自实践需求的激发。2013年9月至2014年9月辛自强曾在北京市海淀区甘家口街道办事处挂职任副主任,这期间分管街道的网格化管理和老旧小区改造工作。对于他这样一个有心理学背景的人而言,网格化管理是一件全新的事务,他在尽快熟悉具体工作的同时,也做了大量文献研读。由此,辛自强找到了心理学如何与社区建设结合的思路,那就是提出"社区心理建设"这样一个概念,将其作为社区建设的创新举措。这期间在该街道的若干社区开展了社区心理现状调查(辛自强,2015),也做了一些实践性的工作。基于这些探索,申报的"北京市社区心理

建设研究"项目，2014 年 7 月获批为北京市社会科学基金重点项目，从而正式开启了个人对社区心理的研究。

"社区心理建设"概念的提出，倡导开展"以人为中心"的社区治理，力图把社区打造成真正拥有"共同心理"基础的社会生活共同体，为社会和谐、长治久安奠定基础（辛自强，2015，2016）。这一概念的提出有其学理基础、文献依据和现实需求。

### （一）"共同心理"是社区作为社会生活共同体的基础

"社区"虽是日常用词，却有复杂的含义。"社区"首先指代一个地理空间或行政区域。生活中我们说"我住某某社区"，这是就地理位置而言的；它还指代一类行政区域，例如《民政部关于在全国推进城市社区建设的意见》（中办发〔2000〕23 号）中指出："目前城市社区的范围，一般是指经过社区体制改革后作了规模调整的居民委员会辖区。"此外，"社区"一词的最初含义是社会生活共同体。德国社会学家滕尼斯（F. Tennies，1855—1936）1887 出版的《社区与社会》一书中，最早提出了"社区"概念，它指"建立在血缘、地缘、情感和自然意志之上的富有人情味和认同感的传统社会生活共同体"。虽然这一界定的某些细节不再适合当下实际，但学者们普遍认为，社区本质上应该是具有心理和精神关联的一群人组成的社会生活共同体（吴群刚、孙志祥，2011）。既然称之为"社会生活共同体"，就强调人与人之间要有社会交往和社会联结，有共同的社会活动和群体参与，有社区认同感和归属感，有心理和精神的关联，总之人们要有机地团结在一起。总体而言，"社区"应该是生活在某个区域的人们形成的社会生活共同体。然而，当下我们的社区，并未真正地成为社会生活共同体，对政府而言往往只不过是一个行政管理的区域，对居民而言似乎也不过是一个居住的地方。

社区作为"社会生活共同体"的存在有赖于三个要素：地域性、社会互动和文化认同（舒晓虎、陈伟东、罗朋飞，2013）。首先，这种共同体是建立在共同地域之上的，理解人与地方的关系就要涉及地方依恋（Morgan，2010；古丽扎伯克力、辛自强、李丹，2011）、地方感（Tuan，1977）之类的心理变量；其次，共同体的形成和存在离不开人际的互动、信任、支持、参与（Obst

& White，2007），显然这都是一些社会心理过程；最后，共同体的维系离不开对社区共同价值和文化的认可（Long & Perkins，2007），这依然是心理或精神层面的事情。由此可见，社区具有浓厚的心理意蕴。然而，当下各种与社区有关的研究和实践都普遍忽视了社区的"心理内涵"，即"共同体"的含义、"共同心理"的含义。因此，开展社区心理建设在学理上是成立的，也是必要的。

### （二）开展社区心理建设的学科文献基础

我国的社区研究主要是从社会学、政治学、公共管理学等学科的角度进行的，相应地有"社区建设""社区治理""社区管理"等不同的理论概念（汪大海、魏娜、郇建立，2012；吴群刚、孙志祥，2011；夏建中，2012）。然而，这些学科的研究很难顾及社区建设的心理层面，忽视了"社区心理建设"。"人"或社区居民是社区的核心要素，无论是社区建设，还是社区治理，都应该把"人"作为核心，把居民当作"人"，做到"以人为本"和"深入人心"。社区建设应该有明确的心理目标：如居民对社区的认同感、居民之间的相互信任和支持、和谐的邻里关系、浓浓的人情味、健康的社会心态。

为更好地理解社区的心理内涵，确立社区心理建设的方向和思路，应该更多地引入心理学的视角。社会心理学，尤其是其中的社区心理学为社区建设提供了最为重要的心理学知识体系。社区心理学产生于20世纪60年代的美国，它致力于在理论层面研究人与社区的关系（如社区感、社区认同、地方依恋、人际信任、社会支持、邻里关系、社区参与），并试图将心理学知识用于社区建设实践，以解决各种社会问题（如贫困、教育、犯罪社会歧视、身体和精神的疾病），应用心理学的方法建设美好、公正、和谐、团结的社区（Perkins，2009；道尔顿等，2010）。目前，国内研究已经涉及社区意识（桑志芹、夏少昂，2013）、社区认同（舒晓虎等，2013；王爱平、周尚意、张姝玥、陈浪，2006）、地方依恋（古丽扎伯克力、辛自强，2011）等社区心理变量的调查，也开展了少量的社区心理方面的实践研究（徐玖平、刘雪梅，2009），此外，还有一些文献述评或国外经验介绍之类的成果（陈小异，2006；李须等，2015）。然而，就整体而言，目前国内对社区心理学的研究和实践都很薄弱，这方面的研究大多缺乏"现实关怀"，没有真正考虑本土的社区建设实践，研究成果没能在社区层面落地生根。因此，我们应该基于社区心理学的视角关照本土社区治理实践，探索社区心理建设的方向和思路。

### （三）开展社区心理建设是实践之需

传统上，我国有关社区的政策和实践，没有认识到社区心理建设是社区建设的关键内容。在我国，随着市场经济的建立，传统的"单位制"走向解体，"单位办社会"的历史趋于终结，社会问题的解决最终落到了社区层面。1986年，民政部提出在城市开展"社区服务"的设想；20世纪90年代初，社区服务逐渐被更广义的"社区建设"概念取代；2007年党的十七大明确提出要"把城乡社区建设成为管理有序、服务完善、文明祥和的社会生活共同体"，从此"社区建设"有了明确的发展方向。虽然国家以及各地政府都或多或少地认识到了社区建设是要建设"社会生活共同体"，但这种共同体本质上是心理或精神意义上的，如何建设这种心理意义上的共同体，在社区管理和建设的实践中普遍没有得到足够的重视。

中共十八届三中全会提出了"推进国家治理体系和治理能力现代化"的改革总目标。社区是社会的细胞，社区治理是社会治理和国家治理的基础。然而，当前的社区政策和实践往往单向度地强调了对居民自上而下的行政管理，居委会行政化色彩严重，社区的自治功能低下，社区居民缺乏共同体意识。现代"治理"理念强调的是政府、居委会、居民、社区工作者、社区组织等多元主体共同参与社区建设，其中尤其要突出社区居民的主体地位，居民主体地位的发挥则有赖于社区共同心理的培育。为创新社区治理，我们提出"社区心理建设"的理念，就是要培育社区居民的共同心理，这一理念正是对国家治理体系和治理能力现代化这一改革总目标的响应。

开展社区心理建设有助于纠正当前社区管理实践的偏颇，弥补其不足。以目前被高度重视并不断推广的社区"网格化管理"为例，仔细观察一些社区的具体实践可以发现，其中心工作内容是社区层面问题由社区网格员（主要是居委会干部、楼门长、协管员等）直接借助网络平台上报汇总到街道等更高一级网格，然后通过上级行政力量的下沉，直接帮助居民解决社区问题。这种行政力量下沉，虽然能有效解决社区问题，将可能的社会风险消灭在萌芽阶段，但它是以国家行政力量对居民自治空间的过度侵入、政府包办社区事务的沉重负担为代价的，其背后的理念依然是"社会控制"和"行政管控"。在当前的网格化管理实践中，并没有充分重视居民之间的横向互动、居民的自组织或自治，社区居民反而更加趋于"原子化"，难以形成社会联结，内心缺乏对社区事务的关注热情，缺乏基于社区认同的社区参与。概言之，以"网格化"为特色的社区管理实践，并没有充分重视居民的主体意识，在相当程度上抑制了社区共同心理的形成，不利于社区"社会生活共同体"的形成。

最后，社区心理建设还是国民心理建设的重要基础。随着我国改革开放的全面深入，社会阶层和利益群体不断分化，社会矛盾和社会问题明显增加，当前出现了各种现实的社会心理问题。一方面是社会心态问题，如失落的社会情绪、失调的社会认知、失衡的社会价值观、失范的社会行为。另一方面是一些国民群体在某些心理指标上的消极变迁趋势，如人际信任的衰落、心理健康问题的增加。为此，国家应该开展系统的国民心理建设，将心理建设放在与经济建设、政治建设、文化建设、社会建设、生态文明建设等各领域建设同样的高度来看待。实际上，"心理建设"曾被孙中山作为"建国方略"之一提出，但是他没来得及实践。最近10余年党和政府的重要文件，也反复提到社会心态培育、心理干预、心理健康服务、社会心理服务等概念，这些都是心理建设的重要方面。鉴于此，有必要将国民心理建设提升为国家战略（辛自强，2017a）。社区是国家与个人生活的交界面，是居民社会生活的共同体，社区心理建设可以作为国民心理建设的主要落脚点和着力点之一。

## 二、社区心理建设的内容

社区心理建设的内容可以是很广泛的，至少包括四项内容：建设社区共同心理，在社区层面开展社会心理服务，提供心理健康服务，并依循心理规律开展社区治理以实现"由心而治"。而这四者之中，最核心的内容是建设社区共同心理，这是社区心理建设的本义或者狭义所指。

## （一）建设社区共同心理

社区既然被视为"社会生活共同体"，就是强调社区居民要有共同心理基础，人们之间要有社会交往和社会联结，有共同的社会活动和群体参与，有社区认同感和归属感，有心理和精神的关联，总之人们要有机地团结在一起。然而，很多社区的情况恰恰相反，如居民缺乏社区认同感和社区参与，人际关系冷漠，邻里之间老死不相往来。因此，社区心理建设的首要内容是共同心理的建设。

社区居民的共同心理体现为一系列心理变量，如共享的社区感、社区价值观和社区性格，对社区的认同和依恋，对社区事务的参与，邻里的相互信任和支持等，但其核心是居民的社区认同。社区认同反映了居民对社区功能状况的认可程度以及居民与社区的情感联结强度，即功能认同与情感认同（Yang & Xin，2016；辛自强、凌喜欢，2015）。"功能认同"体现为居民对社区的便利程度、管理水平、环境条件以及社区能否满足家庭需求等方面的认识，简言之，它指居民对社区功能的满意和认可程度；"情感认同"表现为居民是否在意他人对自己社区的看法、对于社区是否具有特殊情感（如家园感）、社区是否成为自己生命意义的一部分，总之，它是居民与社区的情感联结以及在情感层面上对社区的接纳和认可。居民的社区认同是社区心理的核心要素，对其他社区心理和社区行为有重要的影响。例如，一位英国学者（M. Van Vugt）在2001年的研究中发现，对于居民的节水行为，物质刺激（如阶梯水价）有较大影响；但是，在没有物质刺激时，高社区认同的居民比低认同的居民更能节约用水。近期几项研究（Yang & Xin，2016；辛自强，凌喜欢，2015）表明，高社区认同的居民有更强的社区助人意向，当发现小区有人晕倒时，更愿意施以援手，包括打急救电话、查看其身体状况并直接开车送医等。不仅如此，社区认同高的居民，还会更多参与社区事务的管理（如参加社区会议、社区文体活动、社区组织），有更多的邻里互动（如打招呼、相互帮忙、物质交换等）。由此可见，社区心理建设要重点打造以社区认同为核心的共同心理。

关于具体如何促进社区认同，本章第二节专门介绍，这里就一般意义上的社区共同心理打造谈两点看法。

第一,社区公共空间是社区心理建设的平台基础。传统上,我国居民有强烈的家庭和家族意识,其日常社会互动的空间表现出以家庭和家族聚居地为核心的差序格局,相对不重视在家庭和家族之外的社会空间的互动。随着大家族、传统单位制的衰落和解体,居民社会互动的空间进一步压缩。现代化小区是由陌生人构成的世界,居民的日常活动局限在核心家庭之内,家门之外的社区事务都不是"自家事"。由此,形成了家庭私人空间与社区公共空间的明确分隔,以及居民对社区和社会事务的漠视。毫无疑问,社区治理属于公共事务,只能发生在社区公共空间里,社区共同心理的培育必须以社区公共空间为平台。只有充分营造社区公共空间,才能吸引居民走出家门,进入社区公共空间参与社会互动和社区管理,从而形成社区共同心理。

举例来说,日本在社区兴建的公民馆,就是非常成功的通过搭建平台培育社区共同心理的案例。第二次世界大战后,日本政府为了培育公民的民主意识、提高全民素养,在全国范围内建设了社区公共文化设施——公民馆。发展至今,公民馆不仅承担社会教育、社会福利等最初功能,而且成为日本居民进行文化娱乐等社会活动的基本场所,更是连接区域内与区域间居民社会关系的重要纽带,其核心理念也从最初的让居民拥有可以谋生的"一技之长"转变为"维系人地关系"和"塑造良好人格、提高居民修养"(丁诺舟、张敏,2017;刘娜,2009)。日本公民馆的一些理念对我国社区公共空间的营造很有借鉴意义,如它供全体居民自由使用,弱化组织管理的职能,倡导人与人之间的平等和尊重,注重激发居民的主动性、创造性,强调对历史文化的传承和发扬,关注儿童的健康成长、培养儿童对故乡的热爱与自豪感等。

社区公共空间是多重的。一是要在社区营造足够多的公共物理空间。社区要为居民开会、闲聊、聚会、文体活动、邻里互动等提供足够多的、便于使用的公共场所。例如,一个儿童游乐场不仅促进了儿童之间的交流和友谊形成,而且促进了儿童照看者之间的交往;一个聊天场所或场地,可以促进居民围绕社区事务开展讨论。二是要善于建设并利用网络虚拟空间。相比于面对面的互动,居民,特别是年轻人和忙碌的工作人群,更习惯于在互联网上互动。社区或小区可以设立虚拟的社区论坛、聊天室、微博、微信等,让广大居民参与虚拟世界的互动,以培养社区认同,形成社区价值观和社区性格。三是要建立社区共享的意义空间。社区的历史文化传统、社区的人文资源、社区的符号体系等构成了社区共享的意义空间。例如,社区里的一位名人可能成为社区居民谈话的常备话题,社区居民集中回迁之前的居住经验可能成为社区集体记忆的核心内容,社区发生的重大历史事件可能被融入居民的社会价值观中。总之,我们要善于为社区营造各种物理空间、虚拟空间、意义空间,引导社区居民一起自主创造自己的物质家园和精神家园。

第二,利益关联是居民参与社区心理建设的核心动力之一。社区心理建设是为了居民,也必须依靠居民。居民对社区心理建设,以及其他方面社区建设的参与,除了出于强烈的社区认同之外,最重要的动力机制是"利益关联"。我们调查发现,本地户籍居民相比外地户籍居民参与社区事务和邻里互动都更频繁(辛自强,2015),这或许只是因为本地户籍居民与社区有更多的利益关联,如房屋产权、房屋的维护与保值、社会福利等,他们必须参与社区事务来实现或保障自己的权益;他们要在社区长久居住,也需要维系和邻里稳定的关系。

居民在社区的利益不仅指自身的直接利益,如自家房产,而且还包括社区公共利益,如社区环境、社区秩序、社区文明等。一方面,要引导社区居民形成合理、合法的权利意识和主体意识;另一方面,要通过向居民授权,让居民有真正参与社区公共利益维护的可能和意愿。居民不能只是被居委会发动起来被动参与社区事务,或者只是参与文娱活动这类表面化的社区治理。他们应该被实质性授权,作为社区所有公共利益的权利主体,学会通过法律、民主协商等手段参与社区治理。只有如此,才能在自身和社区之间建立强有力的利益关联和情感联结,增进社区认同。

## (二)开展社区层面的社会心理服务

上面所谈社区心理建设,实际上是整个社会的心理建设的一部分,后者是我国社会心理服务体系建设的内容目标。社会心理服务体系建设主要涉及社会心态培育、社会心理疏导、社会预期管理、社会治理的心理学策略的运用等,其核心目的是解决社会宏观层面的心理建设问题,尤其是要培育自尊、自信、理性、平和、积极向上的社会心态，为中华民族伟大复兴而凝心聚力。

社区是社会的基础单位，社区是个"小社会"。我们每个人都生活在特定的社区中，半数以上时间在社区度过，社会心理服务体系的建设必须下沉落实到社区层面。可以由街道办事处和社区居委会牵头，会同社会心理服务企业以及各类社会组织（如社工协会、志愿者协会、居民文体组织、社区准市场组织），充分发挥广大居民的自治热情，通过共享共建，开展社区层面的社会心理服务工作。社区里的社会心理服务侧重于解决居民普遍性、群体性、涌现性的社会心理问题，如改善居民一些失衡的社会价值观（如走出精致的利己主义，正确对待社区公益活动），减少失落的社会情绪（如减少居民对社区、居委会以及其他居民的怨气和不满），提升社区信任水平，增进群际和谐，增强居民的获得感和幸福感等。这些问题都属于社会心理问题，而非个体心理健康问题，要靠社会心理服务体系建设来解决，而社区是解决这些问题，至少是其中一部分问题的重要平台。

### （三）开展社区层面的心理健康服务

人们一听到"社区心理建设"想到最多的往往是社区层面的心理健康服务。社区确实是开展心理健康服务的重要场所和平台。对此，国家卫计委、中宣部等22个部门2016年年底印发的《关于加强心理健康服务的指导意见》作了比较明确的阐述。结合该文件，社区里的心理健康服务可以包括如下一些内容。

一是面向全体居民开展心理健康科普宣传。社区可以充分利用电子信息渠道（如网站、微信、微博）、社区报纸、社区讲堂、宣传橱窗、宣传册页等形式普及心理健康知识，提升居民的心理健康素养。社区要注重采用群众喜闻乐见的形式，将心理健康知识融入居民文体娱乐活动中，以克服单纯讲授或说教的单调和枯燥。

二是针对个别居民需要开展心理咨询和心理治疗服务。有条件的社区可以建立心理咨询室或心理辅导站，自行配备心理辅导人员或通过招募志愿者、购买服务的方式引入外部机构的专业咨询人员，为社区居民提供专业的心理咨询和治疗服务。

三是开展针对特定人群的专项心理健康服务。社区要利用专业心理健康服务机构和人员,结合各种群团组织和社区自治组织的力量,为空巢、丧偶、失能、失智、失独、留守老年人,以及妇女、儿童、残疾人、严重疾病患者等群体提供心理辅导、情绪疏解、悲伤抚慰、家庭关系调适等各类心理健康服务。

四是加强对特殊人群的心理健康服务。在社区层面要重点服务的特殊人群包括刑满释放人员、社区矫正人员、吸毒人员、严重精神障碍患者等,社区要协同政府部门(如司法部门)和专业部门(如戒毒机构、精神科医院)以及家庭开展对这些人群的登记管理、人文关怀、心理疏导、危机干预、救治救助、康复治疗、转诊转介等。

## 第二节 社区心理建设的方案

社区心理建设的工作内容是极其庞杂的,可以从一些具体的切入点着手。

### 一、社区认同现状与提升

#### (一)社区认同的概念与测量工具

学者们将社区认同作为社区心理最核心的变量,近年来围绕社区认同的测量工具、现状、干预思路做了一些研究。之所以如此重视社区认同并认为它是社区共同心理的核心,这一认识源自对西方社区心理学的批判性思考。20世纪60年代在美国兴起的"社区心理学"专门致力于社区心理的研究,它关注最多的主题是"社区感"(sense of community)。

关于"社区感"的界定,有学者提出四因素理论,认为它包括成员资格、影响力、需要的整合与满足、共同的情感联结(McMillan & Chavis,1986),并据此编制了第一份社区感量表(Chavis,Hogge,McMillan,& Wandersman,1986)。后来,有人将其简化为包含12个项目的"社区感指数"(sense of community index，简称 SCI）量表（Perkins, Florin, rich, Wandersman & Chavis, 1990），但对该量表调查结果的统计分析并没有证实社区感的四因素理论构想，而且量表的内容效度不高（Long & Perkins, 2003）。于是，研究者又修订了 SCI 量表，最后形成包含 8 个项目的"简明社区感指数"（brief sense of community index，简称 BSCI）量表，其中包括相互关心、社会联结和社区价值观三个因子（Long & Perkins, 2003），这些因子的命名已经表明它们与最初四因素理论的定义相去甚远了。由此可见，关于社区感目前尚未形成统一的操作定义和测量工具。这很有可能是因为社区感的概念过于宽泛和复杂，以至于很难用某一工具进行测量，尤其是对不同类型群体社区感的测量（Obst & White, 2004）。

"社区"本身就是个多样化的概念，在美国可以将其区分为"地域型社区"和"关系型社区"（道尔顿等，2010：118）。前者既强调"社会生活共同体"的含义又强调地域含义，最典型的就是街区、小区、村庄之类；后者不涉及地域含义，指代因共同任务或目标而形成的社团、组织等。在中国，社区往往仅指"地域型社区"，其典型所指是城市里的小区，或者说城市里的"居民委员会辖区"，有时也包括村庄和社区。在研究社区心理时不能简单套用西方的"社区感"概念。为了明确研究对象、便于开发测量工具，只聚焦于考察其中一个关键点——"社区认同"（community identity）。从社区认同着手研究既有助于反映居民的社区心理，又能避免上述社区感的概念结构及测量上的混乱。

社区是居民生活起居的地方，那么社区必然包含"地方"的属性。辛自强、凌喜欢（2015）在编制社区认同量表的过程中，参考了地方依恋量表中的地方认同（place identity）部分（William & Vaske, 2003）。关于地方依恋量表，国内已有针对大学生、青少年等不同群体的中文修订版（池丽萍、苏谦，2012；古丽扎伯克力、辛自强，2011）。除了这种对社区作为一个"地方"的情感认同，社区作为居民生活的场所，它需要满足居民生活的各个方面的实际需求，那么，社区的功能状况（如对于生活是否便利等）必然影响居民对于社区的认同（Puddifoot, 1996）。由此，社区认同应该涵盖两部分内容：情感上的认同和功能上的认同。其中，"功能认同"用于测量社区居民对社区功能的满意和认可程度;"情感认同"用于测量社区居民与社区的情感联结以及在情感层面上对社区的接纳程度。综合两个方面,社区认同反映了居民对社区功能状况的认可程度以及居民与社区的情感联结强度。

辛自强、凌喜欢(2015)从功能认同和情感认同两个维度编制社区认同量表,力图形成简洁有效的测量工具。最终确定的正式的社区认同量表包括两个维度,共8个项目(见表8-1),项目1～4属于功能认同维度,项目5～8属于情感认同维度,采用从"1"到"6"的6点记分,其中1表示"完全不符合",6表示"完全符合",2、3、4、5代表其间的不同程度。

表8-1 社区认同量表

| 问卷项目 | 完全不符合 | | | | | 完全符合 |
|---|---|---|---|---|---|---|
| 1. 居住在这个社区,生活很便利。 | 1 | 2 | 3 | 4 | 5 | 6 |
| 2. 我很认可这个社区的管理水平。 | 1 | 2 | 3 | 4 | 5 | 6 |
| 3. 与其他地方相比,这里的社区环境条件令人满意。 | 1 | 2 | 3 | 4 | 5 | 6 |
| 4. 居住在这个社区符合我们家庭的需求。 | 1 | 2 | 3 | 4 | 5 | 6 |
| 5. 我居住的社区对我有特殊的情感意义。 | 1 | 2 | 3 | 4 | 5 | 6 |
| 6. 我觉得这个社区已经成为我生命的一部分。 | 1 | 2 | 3 | 4 | 5 | 6 |
| 7. 社区让我有家一样的感觉。 | 1 | 2 | 3 | 4 | 5 | 6 |
| 8. 我很在意别人对自己社区的看法。 | 1 | 2 | 3 | 4 | 5 | 6 |

辛自强、凌喜欢(2015)使用该量表在北京市5个社区开展了入户调查,有效样本为346人。探索性因素分析表明,如同理论构想的那样,功能认同和情感认同因子各包含4个项目,每个项目在相应因子上的载荷都在0.73以上,且在另一因子上的载荷都小于0.30,可见,项目和因子的隶属关系完全符合理论构想。两个因子在数据变异解释上的累计贡献率超过76%,每个项目得分与总量表均分之间的相关在0.72～0.87,两个因子(功能认同和情感认同)得分与总量表得分的相关分别为0.90、0.93。这些指标说明量表有良好的构想效度。另外,对量表进行内部一致性信度检验,结果发现社区认同总量表的克隆巴赫 $\alpha$ 系数为0.91,功能认同和情感认同两个维度上的 $\alpha$ 系数分别为0.88、0.89,这说明社区认同量表以及两个维度都具有良好的内部一致性信度。后来,在另一个包括88名被试的样本中,得到了同样良好的信度和效度指标(Yang Xin,2016)。该量表是辛自强、凌喜欢(2015)开发的国内

第一份专门的社区认同量表，在国外，之前也没有同样的信效度过硬的工具，因此，该量表发表后被广泛使用和引用。

### （二）社区认同现状及相关因素

首先，社区类型影响社区认同。在辛自强、凌喜欢（2015）对346人的调查中，居民来自两类社区：大院社区（154人）和社会社区（192人）。大院社区的居民大多来自一个单位，社区是机关大院；而社会社区的居民呈现多样化特点，什么工作单位都有。结果显示，大院社区居民在功能认同、情感认同、社区认同、邻里互动、社区参与上的得分均要显著高于社会社区的居民。这是因为大院社区居民身份背景类似，彼此更为熟识，有更高的情感和利益关联度，而社会社区则不具备这些优势。可见，社区心理建设的重点，应该更多放在社会社区上，以弥补其不足。

其次，社区认同受个体人口学特征影响。辛自强、凌喜欢（2015）对346人的调查显示，在各种人口学特征中，"时间"是社区认同最稳定的预测变量：居住时间越长的居民对所在社区的认同感越强；类似地，年龄越大的居民对于自己所在社区的认同感也越强。这与以往发现类似，如有研究表明在一个地方住得越久越能预测个体对于这个地方的认同感（Goudy，1990），年龄越大的居民对于自己所在社区的社区感越强（Long & Perkins，2003）。然而，像性别、受教育程度（学历高低）、家庭经济状况、是否本市居民（还是外地户籍）这些因素与社区认同的关系不大。也就是说，居民对社区的认同不取决于自己的先天因素（如性别）和社会经济地位（如学历、收入、户籍）。上述结果的现实意义在于：第一，在社区建设的过程当中，有关部门不能区别对待外地居民，他们同样可以和本地居民一样对自己所在的社区充满认同，可以和本地居民一样为社区建设提供可靠的力量。第二，不同受教育程度、不同收入的居民在对社区的认同方面也不存在差异。我们日常认为社会高端人群（高收入、高学历）聚集的高档社区，居民对社区认同高，更好管理，然而其优越性有待进一步考证。第三，对居民社区认同影响最大的是居民的年龄和他们在社区居住的时间，那么建设社区认同的重点应该是，设法提高年轻的、在社区居住时间较短的居民的社区认同，继续发挥"老居民"

（年长者、居住时间长的居民）的积极作用。

再次，社区认同受个体自我构念影响。自我构念是一个重要的人格变量。国外学者（Markus & Kitayama，1991）将个体的自我构念分为两类：独立型自我构念（independent self-construal）和互依型自我构念（interdependent self-construal）。独立型自我构念强调个体分离和独立于社会情境，关注个体自身内在的情感、思想和能力，有强烈的实现自我价值的需求。互依型自我构念强调个人与情境及他人的关系，注重间接委婉的表达，渴望他人对自己的认可等。Xin，Yang，& Ling（2017）专门探讨了自我构念与社区认同的关系。研究 1 对北京市某社区的 261 名居民开展了调查，发现互依型自我构念得分越高的居民，他们对社区认同的总分、功能认同、情感认同均会越高（相关系数分别为 0.34、0.33、0.29）；独立型自我构念得分越高的居民对社区的情感认同越低（相关系数为 -0.13），而与社区认同的总分、功能认同无显著相关。研究 2 为单因素被试间实验。通过"圈代词"任务进行自我构念的启动，独立型自我构念启动组的 26 人要圈选出一段文本材料中的代词"我""我的"，而互依型自我构念启动组的 27 人圈选的代词是"我们""我们的"。因变量是社区认同量表得分。结果表明，互依型自我构念启动组的居民相对于独立型自我构念启动组的居民表现出更高的社区认同总分，这种差异主要是情感认同的提升使然，而两组对社区的功能认同无差异。这一结果对实践有启发价值。例如，社区在宣传方面，可以更多地使用诸如"我们""我们的"等这类能够启动居民互依型自我构念的词语，这样能够更大程度提升居民的社区认同。

最后，社区认同对一系列社区行为有影响。例如，使用一个包括 88 名社区居民的样本证明，较高的社区认同意味着更强的社区助人意向（Yang & Xin，2016）。该研究为 2（时间压力：大、小）×2（社区认同：高、低）的两因素组间设计，因变量是助人意向。其中时间压力是操纵的变量，社区认同是测量的变量。对于时间压力，将被试随机分配到两个时间压力组中（实验材料中设置居民 M 离上班时间是否允足，来区分高、低时间压力），每组各 44 人。实验材料在描述居民 M 的上班时间后，告知被试假设自己是居民 M，在正准备开车上班时，发现小区健身器材旁有人昏倒在地，这时被试可以选择去查看那个昏倒的居民、拨打求救电话直接开车送医等。通过对这些可选行为的回答，确定被试的助人意向。研究结果表明：时间压力对被试的社区助人意向没有显著影响。高社区认同的居民（M=5.21，SD=0.84）比低社区认同的居民（M=4.19，SD=1.13）有显著更高的助人意向。具体到社区认同的两个维度，情感认同可以显著地正向预测助人意向，而功能认同对助人意向的正向预测作用不显著。

此外，辛自强（2015）的研究还表明，社区认同与社区参与和邻里互动之间有显著正相关（相关系数分别为0.49、0.39），这说明社区认同作为心理变量能够在相当程度上预测居民的实际社区参与和邻里互动行为（贡献率分别为24%、15%）。表8-2中问卷的1～4题用于调查社区的邻里之间是否相互帮助、是否有物品交换、是否共同讨论社区问题以及见面是否打招呼等方面的情况，测量了社区居民之间的"邻里互动"；5～10题用于调查社区居民参与社区以及社区居民自发组织的活动和会议、向物业部门反映问题、在社区公共场合表达看法和意见等方面的情况，测量了居民的"社区参与"。该问卷试图测量相对客观的社区行为，被调查居民要根据自己在"最近一年的时间里"的行为"发生频率"，在"没有""偶尔""经常"三个选项中进行选择（三个选项可以分别记为1、2、3分）。表8-2还提供了调查结果的描述统计（样本量346人），从中可以看出居民并未表现出充分的邻里互动和社区参与行为。总结来看，社区认同确实可以视为社区共同心理的核心变量，它广泛影响着居民的社区行为，包括社区助人行为、邻里互动行为、社区参与行为等。

表8-2 居民邻里关系和社区参与调查（N=346）

| 最近一年的时间里…… | 选项1 | 选项2 | 选项3 | M | SD |
| --- | --- | --- | --- | --- | --- |
| 1. 你请小区里的邻居帮过忙吗？ | 13.6 | 64.7 | 21.7 | 2.08 | 0.59 |
| 2. 你借给或赠予过邻居工具、食物或其他物品吗？ | 13.3 | 63.0 | 23.4 | 2.10 | 0.60 |
| 3. 你和邻居讨论过小区里的问题或事情吗？ | 12.4 | 57.2 | 30.3 | 2.18 | 0.63 |
| 4. 你与邻居见面打招呼吗？ | 1.2 | 16.5 | 82.1 | 2.81 | 0.42 |
| 5. 你参加过小区居委会或物业部门组织的活动吗？ | 13.3 | 40.5 | 46.2 | 2.33 | 0.70 |
| 6. 你向居委会、物业或其他机构反映过小区管理问题吗？ | 15.3 | 62.1 | 22.5 | 2.07 | 0.61 |
| 7. 你参加过社区居民自发组织的集体活动吗？ | 19.4 | 42.2 | 38.2 | 2.19 | 0.74 |
| 8. 你参加过有关社区或小区事务的会议吗？ | 28.0 | 47.7 | 24.3 | 1.97 | 0.72 |

（续表）

| 最近一年的时间里…… | 选项1 | 选项2 | 选项3 | M | SD |
|---|---|---|---|---|---|
| 9. 你在社区公开场合（如小区会议、社区的网络论坛）表达过自己的看法或见解吗？ | 31.2 | 55.5 | 13.3 | 1.82 | 0.64 |
| 10. 你作为成员参加过各种社区组织（如业主委员会、兴趣活动小组）的活动吗？ | 26.9 | 43.1 | 30.1 | 2.03 | 0.76 |

注：表中选项1、2、3分别代表"没有""偶尔""经常"。三个选项下的数据为百分数（%）。

### （三）社区认同的提升方法

一是增加"我们"意识，强化内群体认同。上文提到的互依型自我构念，说白了就是一种"我们""我们的"意识，一种共同体意识，它和社区认同以及更广泛的社会认同都具有内在一致性。通常，社区标识或标志的使用可以增强居民的一体感或共同体意识，它可以通过文化衫、雕塑、标牌、建筑物等不同形式加以体现。例如，我们可以开展社区"LOGO"（徽标）设计大赛，向居民征集设计方案，并发动居民评选，最后把大家评选出来的"LOGO"印在水杯或者是环保购物袋等日常物品上分发给居民使用。这样一项活动的每个环节，几乎都是在培养居民的社区认同。此外，增加本社区与其他社区在文体活动、卫生评比等方面的友好竞争，有助于加强居民对本社区的"内群体"认同，因为引入适当的外部压力通常是促进内部团结的不二法门。

二是通过共同目标、共同任务凝聚社区认同。社区认同可以促进社区参与行为，反之亦然。居民围绕社区共同的目标和任务开展活动，也可能强化其社区认同。例如，如果让社区居民共同就如何开展社区垃圾分类活动进行集体讨论，一起制订工作方案，这可能比由居委会直接提出要求和指令更能增加居民对共同目标的接纳，增加对活动的认可度和卷入度，从而提升社区认同。这种讨论也可以在网上进行。例如，在社区微信群，可组织"社区照片大讨论"，让居民将楼道堆放杂物、公共设施破损、汽车乱停乱放、私自占用公共区域等现象都用手机随手拍下来，发到线上业主群让大家进行讨论，这就是一种在线社区参与，居民会在共同目标的激励下，在完成共同任务的过程中，形成更强的社区认同。

三是提升社区管理水平,增进居民对社区的自豪感与认同感。每个人都有自我提升的动机,一个管理良好的社区让居民有更强烈的认同感,更愿意把社区视为自我的一部分。例如,2019年7月1日上海市开始实行强制垃圾分类,据上海某司机对"怎么看垃圾不分类投放就罚款"这件事的表述,他认为这个做法很好,而且早就应该这么做。其理由是,他现在居住的社区里垃圾分类做得很好,蚊蝇少了,难闻的气味也没了,社区环境质量大为改善,而且整个城市的卫生水平和城市形象都大幅提升,他对自己所在小区和城市颇感自豪。谈话中,这位司机师傅洋溢出的那种自豪感和认同感恰恰来自社区和城市管理水平的提升。

最后要强调的是,社区认同的提高并非只是就其本身直接发力,本章第一节介绍的建立社区公共空间、通过建立与社区的利益关联机制促进社区参与等举措,最终都可能改善包括社区认同在内的各种社区心理。

## 二、社区随迁老人幸福感现状与提升

### (一)随迁老人心理健康和幸福感问题及其成因

随迁老人是指那些户籍在农村,来城市与子女一起生活的老年人群体。根据国家卫计委发布的《中国流动人口发展报告2016》,举家迁移成为当前人口流动的主流趋势,随迁老人的数量在不断增长,占到了流动人口总量的7.2%。为了照顾晚辈、与子女团聚或异地养老而迁移到城市的随迁老人占到了所有城市随迁老人的68%。由此伴随而来的一系列问题,特别是心理健康问题,应该引起关注。

进城的随迁老人面临着生理和心理的双重危机。生理上,随迁老人年纪较大、健康状况较差,需要得到更多的照顾和医疗保障。心理上,随迁老人来到城市,原有社会关系断裂、生活习惯不适、家庭关系矛盾、社会交往空间缩小等因素使他们难以适应城市生活,容易出现抑郁、焦虑、孤独甚至自杀等心理和行为问题。2016年3月南京栖霞区一名70岁的随迁老人,由于经常独自在家,没有倾诉对象,缺乏沟通,想不开而选择了自杀。然而,随迁老人的心理问题并非个案。对深圳市900多名随迁老人精神状况的调查显示，随迁老人的精神健康状况堪忧，"经常"和"总是"觉得很孤独、活着没意思、对以后感到茫然、觉得自己没有用的比例分别达到了41%、22.4%、21.3%和18.5%（刘庆、陈世海，2015）。除了心理健康问题，调查发现随迁老人的幸福感水平显著低于本地老人，并且在随迁城市的幸福感水平低于在老家的幸福感水平（李珊、于戈，2012）。

总之，随迁老人在城市的物质生活条件也许得到了很大改善，但是很多人心理健康和幸福感水平却没有得到相应的提升。究其原因，主要有以下四个方面：

其一，以户籍制度为核心的制度性隔阂。我国特有的城乡二元分割的户籍制度本身就给"农村人"和"城市人"贴上了不同的身份标签。而且，户籍制度作为资源再分配的手段，导致了基本社会服务和保障的不均等。虽然当前我国在不断推进城乡二元体制改革，部分地区开始实施跨省医保报销等措施，但大部分城市流动人口还是无法享受到异地医保，看病就医不便依然是流动人口面临的一个主要问题。从社会认同角度来看，二元分割的户籍制度拉大了城市人与农村人的心理距离，加深了彼此之间的偏见。从社会排斥角度来看，这种由制度因素导致的不平等，会让随迁老人内心觉得被边缘化、被排斥和被剥夺。而且，随迁老人害怕看病就医、不希望给子女带来负担，从而造成他们内心的不安全感和沉重的心理压力。

其二，"心墙"隔离，以及由此导致的群际接触不足。除了户籍制的制度性隔阂，相关的是"心里那道墙"造成的随迁老人与本地老人接触的不足。宋晓星、辛自强（2019）调查了北京市的本地老人与在此生活的随迁老人，发现双方交往的群际接触存在"非对称性"。调查显示，在接触数量和接触意愿两个方面，本地老人均不如随迁老人高。随迁老人内心非常渴望能够融入本地老人的圈子中，与本地居民交往是随迁老人重塑社会关系的迫切需要。从社会认同的角度来说，与本地居民平等交往，增进对本地老人群体的认同是提升随迁老人城市认同和城市归属感的重要条件（刘玉侠、尚晓霞，2012）。在我们的这次调查中，很多随迁老人明确表示，已经卖掉老家的房子，打算在北京长期居住，他们必须适应并融入城市的生活。但问题是，本地老人接触随迁老人的意愿要显著低于随迁老人接触本地老人的意愿,这源自本地居民对外来人口存在的固有偏见和排斥感,以及一些客观原因(如一些随迁老人普通话不好,沟通困难)。

其三,社会关系断裂与家庭矛盾冲突。人际关系对随迁老人的心理健康有重要影响。研究表明,积极参加社会活动,建立良好的人际关系对老年人调节心理状态、保持心理健康有着重要的作用(李德明、陈天勇、李贵芸,2003)。然而,随迁老人进入城市后很容易遭遇人际关系危机。一方面,他们远离了农村的"熟人社会",部分隔断了在老家时原有的社会关系,需要在城市重建社会关系网络,这给他们带来了很大的心理压力;另一方面,他们还要面对容易出现的家庭关系危机。与子女一起生活时,随迁老人无法及时改变农村生活习惯,同时又难以适应城市生活,再加之代际文化差异,很容易产生家庭矛盾和冲突。

其四,文化差异、教育程度低等个人因素。文化差异包括乡土文化与城市文化的差异、地域文化之间的差异(赵婕,2013)。文化差异使随迁老人与本地居民缺乏沟通的基础,如语言(方言)不通、风俗习惯不同等原因往往阻碍了随迁老人与本地居民之间的良性互动。另外,受教育程度反映了个体的学习能力,受教育程度低的随迁老人更不容易接受新鲜事物,社会适应能力较差,难以建立广泛的人际关系,从而降低了幸福感。

### (二)提升随迁老人幸福感的社会心理学路径

如何使随迁老人在城市社区中安享天伦,过上幸福生活呢?宋晓星、辛自强(2017)以社会心理学理论为基础,提炼出了多条改善随迁老人心理健康和幸福感的路径。

路径1:重新构建身份,消除心理隔阂。社会心理学家泰弗尔(Tajfel,1974)提出的社会认同理论认为,个体通过社会归类,把自己归属于某一群体,从而与同一群体成员拥有共同的社会身份。依据该理论,人们会更偏好与自己有共同身份的内群体成员,而对外群体成员产生偏见。社会认同不但有利于构建积极的内群体关系,还可以提高个体的自尊与安全感,降低无常感,满足归属感,找到存在的意义(赵志裕、温静、谭俭邦,2005)。鉴于此,为了提高随迁老人的心理健康和幸福感，需要他们逐步摆脱农民身份，重新建构市民身份。

第一，培养市民生活方式，促进身份认同。从农村生活方式向城市生活方式的转变，是市民化的重要一部分，意味着随迁老人逐渐适应了城市生活，主观上更认同自己的市民身份。具体可以通过转变消费方式、提高文化素养来提高随迁老人的市民身份认同。研究表明，消费方式是身份建构的手段，又是身份认同的表现（纪江明、陈振营、赵毅，2013）。相比于农村单一的消费方式，老人在城市中可以进行一些体验性的消费，丰富精神生活，享受城市人生活的乐趣。另外，要提高随迁老人的文化素养，鼓励随迁老人参加"社区大学"或社区讲座。如宁波市就通过设立老年社区大学，为老年人开设了"世界美食大观""初学国画""京剧表演艺术之美"等丰富多彩的课程。

第二，提高城市体验，增进身份认同。对城市的接触和深层体验有助于提高人们的城市身份认同（赵志鸿，2008）。从这个角度出发，随迁老人可以游览所在城市的旅游景点，适当参加一些城市公益活动，时常了解一些关于所在城市发展的信息，从而加深对城市的情感体验，增进对市民身份的认同。

路径2：加强社区认同，重构精神家园。研究表明，积极参与社区活动，提高社区认同感对个体幸福感的提升有重要的作用（辛自强，凌喜欢，2015）。辛自强（2015）提出，社区认同包括功能认同和情感认同两个方面。其中，"功能认同"反映了居民对社区宜居性、管理状况等方面功能的满意和认可度，"情感认同"体现了居民与社区的情感联结。据此，可以从这两方面出发，提高随迁老人的社区认同。

第一，促进社区功能认同。社区应该加强管理和服务，尽力满足老人的需求。例如，目前西部地区多个城市设立了随迁老人社区融入社工服务示范项目，通过建立信息化的管理系统、街道零距离和全覆盖的服务网络等措施，为随迁老人创建了安全、便利的生活空间。

第二，促进社区情感认同。一是激发随迁老人的"主人翁"意识。通过引导随迁老人积极参加社区活动、参与社区管理来提高他们对社区的归属感和责任感。二是让随迁老人感受到社区的"人情味"。社区管理人员可以定期组织一些服务和慰问活动，给随迁老人带去温暖。例如，江苏省镇江市某社区通过组织当地居民与随迁老人的一对一"结对子"活动,既让随迁老人感受到社区的关怀,又增进了邻里关系。

路径3:通过群际接触增进人际信任和幸福感。宋晓星、辛自强(2019)对随迁老人以及本地老人的研究表明,与本地老人的群际接触质量(尤其是接触中双方的平等性)可以显著预测随迁老人的幸福感;而且对于本地老人而言,与随迁老人的接触也提升了他们的幸福感。社会心理学家奥尔波特(Allport, 1954)认为,群际接触是改善群际关系、增进群际信任的有效途径。由此,可以通过群际接触减少偏见和不信任,促进随迁老人建立人际关系。具体来说有以下三种方式:直接接触、扩展接触和想象接触。

促进随迁老人与本地居民的直接接触,需要社区、居民和家庭多方的努力。

第一,社区要为随迁老人提供丰富的社区活动。通过举办一些适合老年人的社区活动,如下棋、红歌赛、广场舞、安全讲堂、老人互助等活动,增进随迁老人与本地居民之间的直接互动,加深彼此的了解,促进双方信任的建立。

第二,本地居民应该从邻里关系的角度来看待并帮助随迁老人。要把随迁老人视为"邻居",而非"乡下人",通过帮助他们了解社区环境,提供日常生活支持等方式,改善随迁老人对本地居民的看法。

第三,子女应该鼓励或陪同老人积极参加社区活动,尤其是日常提升性活动(休闲娱乐、身体锻炼、社会交往),而不是只让他们从事一些付出型活动(做家务、照顾晚辈)。

拓展接触是指内群体成员中与外群体成员的联系。这种拓展的接触搭建了随迁老人与本地居民之间沟通的桥梁。例如,较早迁入社区的随迁老人已经与本地居民建立了一些社会关系,所以对于刚迁入社区的随迁老人,可以通过其他随迁老人的关系,认识更多的本地居民。这一举措之所以可行,一方面是由于随迁老人们具有相同身份,彼此之间更容易建立起信任和关系;另一方面是与随迁老人建立友谊的本地居民更不容易对其他随迁老人产生偏见。

想象接触是指通过设想彼此接触的情景来减少双方的心理距离。尤其在交往之前，采用这一方式有利于降低彼此之间的先存偏见。例如，社区可以组织活动，让本地居民之间分享与随迁老人交往的经历。根据社会学习理论，从他人的经历中，本地居民可以学习到如何与随迁老人交往。

总之，通过直接接触、拓展接触和想象接触的方式可以降低偏见、提高信任，促进随迁老人与本地居民建立良好的人际关系，从而让他们在城市里的生活更幸福。

当前流动人口的规模在不断增加，随迁老人群体成为急需社会各界关注的对象。随迁老人的身心健康和幸福感对家庭美满、社区治理、社会和谐有着重要的意义。这不仅需要老人自身、家庭成员的共同努力，同时还是社区、社会组织、政府的共同责任。

## 第三部分

# 社会心态在社会心理服务中的应用

# 第九章　重大应急事件中典型人群的心理应对

## 第一节　医护人员的心理创伤特点及应对措施

在抗击新冠肺炎的战役中，战斗在最前线的是广大医护人员。根据国家疾病控制中心公布的数据，有超过3000名医护人员确诊感染新冠肺炎，其中相当一部分是在尽力抢救感染患者的工作岗位上被传染的。虽然在其他类型的灾难中，医护人员并非一级受害者，但是在与疾病相关的生物灾难中，医护人员的心理健康应该被放在心理救治的首位，因为在这场持久战中，医护人员是我们取得最终胜利的关键力量。

在此重点整理了大量针对重大灾难后医务人员的心理健康调查和心理干预研究的文献，尤其是2003年的"非典"相关研究，以前人的经验作为参考，结合新冠肺炎疫情中存在的问题和综合整理的研究事实，为接下来的相关研究工作和心理干预提供了科学依据。基于这些研究事实，我们能够有针对性地为现阶段的心理预防和灾后的心理重建工作做准备，防止疏忽和遗漏，为在这次战"疫"中付出重大牺牲和进行了卓绝战斗的医护人员的心理健康保驾护航。

### 一、疫情或其他重大突发灾难中医护人员面临的主要心理压力

总体来说，无论是事发时就在灾区的医护人员，还是事后赶赴灾区的医

护人员,他们面临的心理压力都是空前的。首先,灾难的发生往往毫无预警,无论是受害者还是医护人员,都不可能有足够的心理准备,基本上都是来不及多想就立刻投入救援工作之中。对于预料之外到来的灾情的惨烈、受灾群众的痛苦和超负荷的工作量,医护人员只能采取"兵来将挡,水来土掩"的方法努力解决。而当问题难以解决时,心理压力和消极情绪就会不断积累。

其次,医护人员的工作性质决定了他们本身就是同情倦怠最严重的职业群体。而在灾难发生后,他们更是频繁地暴露在替代性创伤中,这种创伤往往会发展成继发性创伤压力(secondary traumatica stress),即使医护人员自己没有感染疾病,但目睹大量生离死别又无能为力也会引发痛苦,造成额外的心理压力。

再次,相比其他压力,疫情带来的压力最大的不同是,医护人员在救治病人的时候,被感染甚至殉职的可能性极大,他们面临的压力不仅仅是对自己的健康和生命的担忧,还包括对同事的健康和生命的担忧。尤其是如果出现同事因感染或过度劳累而殉职的情况,就会给他们带来非常沉重的精神打击。医学公众号"丁香园"在2020年2月25日报告了因新冠肺炎疫情而殉职的22位医务人员,最年轻的医生只有26岁。"哪有什么从天而降的英雄,只是挺身而出的凡人。"任何人看到这些冰冷的数字和残酷的消息,都难免心戚戚矣,更何况逝去的人是与他们朝夕相伴的同事。

最后,救援环境的压力会转交到医护人员身上,例如对环境的不熟悉、物资的匮乏。根据"丁香园"的公开数据,感染的医护人员中,绝大多数来自湖北。这种压力,可以通过不断完善灾难预警系统和救援物资储备预案的方法得到缓解,未雨绸缪往往是最有效地化解创伤压力的手段。

2004年,刘景红等人调查了"非典"期间,军队医院发热门诊医护人员的心理健康状况,总结出六种威胁医护人员心理健康的主要应激源。

(1)被感染的预期焦虑(对生命受到威胁的焦虑)。发热门诊是诊断"非典"的第一条防线,工作人员被传染的概率很大。由于"非典"最初在医院中暴发,医院成为最主要的污染源,所以医护人员成为按职业划分受感染最多的群体。虽然对此已经有了心理准备,但紧张、焦虑、抑郁及伴随出现的躯体症状是必然的心理反应。此外,民众心中还存在一个误区——压力并不会因为了解风险就消失。相反,"非典"在当时是一种新型的病毒,仍属于医学的知识盲区,即使对风险有预期,但没有足够的医疗条件和治疗手段的事实依然会给专业的医护人员带来巨大的心理压力。这也是新冠肺炎危机中医护人员承担的主要心理压力之一。

(2)发热门诊的工作强度大。发热门诊除正常的医疗工作外,还要做大量繁重、重复的消毒工作,工作量大、责任艰巨、工作节奏失衡、突发状况多,医护人员得不到充分的休息。

(3)医护人员穿着厚重的防护服,造成憋闷、不适,增加了操作难度,引发了不良情绪。在新冠肺炎疫情中,由于脱防护服需要十分烦琐的流程,时间在半小时以上,并且防护服不能反复使用,一旦脱下就要废弃,为了节省防护服,医护人员往往需要一整天穿着成人纸尿裤,避免因为生理需要而脱防护服的情况。长期处在这样的工作环境中,对人的心理也会造成很多负面影响。还有一个值得注意的问题是,大多数一线护士是女性,但常备的防护服号码偏大,所以护士们不得不额外用胶带封闭,不合身的防护服也会带来安全隐患,无形中增加了医护人员的心理负担。

(4)处于经期的女性医护人员有诸多不便。出于安全和卫生原因,很多一线医护人员在防护服里是不穿内衣裤的,这给处于经期的女性医护人员带来了很多不便。因经期卫生用品准备不足,在抗击新冠肺炎疫情的早期阶段,很多女性医护人员甚至不得不一直穿着沾满经血的防护服抢救病人,这也给女性医护人员带来了沉重的心理负担。这个问题在"非典"的后期研究中已经提及,但在本次新冠肺炎疫情中依然出现了早期救援物资中缺乏女性卫生用品的问题。在被全国妇联和民间组织的关注下,情况已经有所改善,不但有大量的安睡裤等女性卫生用品送到医护人员手中,也有公司专门生产了防菌性更好、使用时间更长的女性卫生用品,这个经验值得记录并保留下来。

(5)与家人分离的焦虑以及对亲人的惦念与牵挂。发热门诊的医护人员需要与外界隔离,他们缺乏与亲人、朋友的沟通。在抗击"非典"疫情时期,由于网络和智能手机并不普及,医护人员在工作期间往往很长时间无法与家人沟通或见面。在此次新冠肺炎疫情中,大多数医护人员可以通过电话和视频与家人沟通,这是否可以在一定程度缓解与家人分离的焦虑,仍需更多的

（6）发热门诊对专业技术要求高。因年龄限制，配备的高年资 IDI 的医护人员比较少，这加重了初级、中级技术职称的医护人员的责任，而他们相对年轻，临床经验不够丰富，心理压力增大，导致心理健康水平降低。根据"丁香园"发布的信息，以出征湖北的广东医疗队为例，其中 20～29 岁的医护人员占29%，30～39 岁的医护人员占 50.3%，说明青壮年是主力。

梅德（Robert Maunder）等人在"非典"暴发后，在加拿大多伦多的一所医院建立了一个领导指挥小组和一个隔离单元，对病人和工作人员实施精神卫生支持干预。他们发现，在医护人员中普遍存在以下突出问题：害怕被传染或传染给家人、朋友和同事，因而失眠；多重身份（医疗工作者＋病人＋父母）带来了无力感和角色冲突，而照顾被感染的同事增加了部分医护人员对自己的能力和技能的担忧；因为在没有防护的情况下接触确诊患者而被隔离的工作人员担心受到侮辱、人际隔离和被污名化。在新冠肺炎疫情中也发生过医护人员被居住小区的物业拒绝进入小区的情况，这也会在无形中加重医护人员的心理压力。

李淑花（Shwu-Hua Lee）等人调查了"非典"暴发期间台湾综合医院的医护人员，发现他们的主要压力源包括：家人感染、院内传播和人身危险、缺乏防护设备、人手不足、对疾病了解不足的担忧。此外，照顾同事病人给医护人员带来了极大的情绪负担，同事的死亡对他们来说是重大的打击。

需要特别指出的是，刘景红等人和宁宁等人的多项研究指出，女性医护人员出现心理健康问题的比例显著高于男性。这可能是因为：两性情感表达的差异性；女性特殊的生理周期带来的精神压力和生理压力；女性在医护人员群体中所占比例较高，尤其是护理人员。最后一点很可能是主要原因。研究表明，在"非典"病房内护士的工作量是最大的，承受的风险是最高的，患病率也是最高的。

## 二、疫情和其他重大突发灾难可能给医护人员带来的心理健康问题

刘景红等人提到，"非典"中的心理压力给一线医护人员带来的心理健康

问题主要有两方面：（1）预期性焦虑。主要表现为忐忑不安，对自己能否胜任工作没有把握，有些人出现心神不宁、注意力不集中、失眠、焦虑等问题，还有部分人表现为比平时脾气大，容易和人发生争执。（2）挫败、内疚、抑郁等负性情绪。

李喆等人和宁宁等人研究发现，参与汶川地震救援的医务人员有较高的创伤后应激障碍、焦虑、抑郁的发病风险。这可能是因为，灾区医务人员在灾难性事件发生后既是医疗救护人员，又是事件经历者、直接受灾者。除了灾难带来的威胁，他们也面临：（1）高强度的工作负荷。工作负荷过大，可造成出现自主神经症状、强迫、恐惧、焦虑、敌对等一系列症状。（2）医务人员的角色冲突。灾后救援期间，参与救治工作的医务人员需要长时间工作，其社会角色不断强化，家庭角色却不断减弱。同时，余震频繁出现，他们对家庭的支持功能降低。研究人员与参与救治的医务人员面谈时发现，其自责感不断升高，这些都会导致强烈的抑郁和焦虑情绪。

国内研究者比较了汶川地震发生后一年内中国红十字会直接参与灾区救援的护士和未直接参与灾区救援的护士的心理健康状况，发现前者在各方面的心理压力都比较大，例如出现创伤后应激障碍症状和抑郁症状，甚至有极端的自杀意图。参与救援的护士出现更高频率的创伤性思维回避、侵入式思维、容易受到惊吓（精神高度紧张）、失去乐趣（快感丧失）、创伤压力场景重现、易怒、情感麻木和噩梦等较为严重的精神困扰，但当时只有少数护士寻求心理援助。

## 三、医护人员灾后出现心理问题的风险因素和保护因素

甘景梨等人在 2004 年使用症状自评量表（Symptom Check List-90，简称 SCL-90），对 122 名赴北京小汤山医院抗击"非典"的军队医护人员进行了调查，并对应对方式、精神紧张度、生活质量等因素进行相关分析。调查发现，习惯消极应对压力事件的医护人员往往表现出明显的躯体化（主观的身体不适感）、强迫症状、人际敏感问题（相比其他人，表现出明显的不自在和自卑感）、抑郁，甚至出现幻听、思维播散、被洞悉感等精神病样症状。精神紧张

度高的医护人员,其焦虑程度也高,同样表现出精神病样症状。生活质量总体评价低的医护人员容易表现出恐怖症症状(例如社会退缩)。与此相反,习惯积极应对压力事件且拥有有效社会支持的人,其抑郁程度较低,这说明积极应对和社会支持是比较重要的保护因素。张克让等人的研究补充了上述观点,他们提出,自尊也是"非典"患者和一线医务人员的保护因素。

### 四、医护人员的心理干预建议

程艮针对灾害救援护士的心理健康问题提出了以下预防和干预策略:

(1)提高心理弹性。例如,提高个体的自我效能感;保持积极的应对方式;培养积极的情绪;形成团队,获得同辈支持;调整认知风格,改变自己不合理的信念;接受模拟训练,对灾害情景进行系统脱敏;充分利用家庭支持资源,建立有效的社会支持系统。(2)心理危机干预。推荐的技术有稳定情绪技术、放松训练、减压+紧急事件应激晤谈、眼动脱敏再加工技术。(3)构建专业的心理危机干预社会支持系统。

梅德等人则建议,可以由医院为医护人员提供精神支持,如印发小册子以识别焦虑和压力;安排精神科工作人员与医护人员聊天,以及为医护人员建立保密电话支持热线等。李淑花等人在论文中也提到了一些有效的压力应对方式,包括鼓励医护人员之间相互支持,安排足够的休息时间和适当的轮班,与家人定期视频通话等,这为护士和家人都提供了必要的安慰,有助于减轻他们的压力,恢复他们的精力。

## 第二节 警察、军人的心理创伤特点及应对措施

重大突发灾难往往会带来很多易造成社会混乱的因素,但阻止和预防灾难后果的严重化和扩大化依赖于社会的稳定和团结。对于恶性传染病,源头控制至关重要,需要由上到下的行政力和一些非常措施。这种行政力的体现和措施的执行要依靠公职人员,尤其是基层的公职人员。而有别于其他公职

人员，警察和军人本身就是高危险和高压力的人群，在人们的预期中，遇到危险迎难而上原本就是他们的使命。这种预期会带来偏见，人们往往认为，警察和军人是"心理素质过硬"的人群，不会受到压力的负面影响，从而忽视了这一职业人群面对的威胁和压力同样远超普通人。此外，遭受情绪困扰往往被认为是软弱的表现，这也有可能阻碍警察和军人去寻求心理支持和帮助，导致情况进一步恶化。人心都是肉长的，面对突如其来的灾难，面对那些不该发生的悲剧，没有人的内心不会留下阴影、不会产生情感波澜。坚强并不代表不会受伤，而有一些伤口需要专业的护理和治疗才有可能愈合。事实上，已经有大量研究证实，从战场上归来的士兵属于创伤后应激障碍的高发群体。灾难后的救援也是战场，同样值得我们关注。

## 一、疫情或其他重大突发灾难中警察和军人面临的主要心理压力

乔普科（Brian A. Chopko）等人在2018年针对执法人员进行的研究发现，目睹他人伤害的频率与创伤后应激障碍症状没有显著关系，这与非执法人群的发现有些不一致，可能是由执法人员样本的独特性所致。与其他创伤幸存者相比，执法人员接触创伤的频率更高，接触的创伤种类也更多，这种经历可能让他们已经具备一些有效的心理应对方法。警察工作的特殊性可能体现在，警察可以通过帮助处于危机中的人来履行照顾需要帮助的人的职业角色，并可能直接影响危机的结果，这些能够带给他们满足感，在一定程度上抵消了创伤压力的消极伤害。但是乔普科也提到，警察在履行工作职责时，往往既注重对情况的控制，又注重解决问题的活动，同时把情绪超脱作为一种应对机制，这种功能模式会延续到个人生活中，常常导致个人关系的困扰和功能障碍，这种个人关系的困扰也许会加重消极情绪的困扰。

帕帕佐格洛（Konstantinos Papazoglou）和乔普科在2017年的论文中探究了道德痛苦和道德伤害对警察罹患同情倦怠和创伤后应激障碍的影响。他们这样解释：所有警察都可能在执行公务时遭受道德痛苦。此类事件有多种形式，包括警察对警察、警察对平民、警察对组织。尽管警察经常探索他们的

选择，以使行为符合自己的道德和信仰，但他们在整个转变过程中会多次经历内心的道德痛苦。比如，在控制人群的情况下，警察可能会被命令对抗议者使用武力，其中一些人是青少年，这种行为或许与警察的个人道德和信仰不符。研究者认为，当警察接触到重大事件时，这种内在的道德痛苦会加剧。此类事件本身或许不会造成创伤，但它们会造成对道德的潜在伤害，使警察逐渐开始质疑他们对事件的战术决策及预防事件发生的能力等。这种影响会使他们无法有效地履行职责和作出正确的决定，甚至造成负面情绪（如愤怒、沮丧）。

消防部队是武装警察体系现存的一个警种，是应急管理部的重要职能部门。消防部队的基层官兵常年担负着灭火救灾和抢险救援的各项任务，执行任务的频繁性、长期性和突然性使广大消防官兵的精神压力比较大，特别是现场救援中的惨烈场景直接作用于感官，导致救援后消防官兵极易出现各种各样的心理障碍和心理疾病，同样属于职业心理创伤的高危人群。

## 二、疫情和其他重大突发灾难可能给警察和军人带来的心理健康问题

杨国愉等人调查了赴利比里亚抗击埃博拉疫情的军人的心理问题及心理健康需求，发现需要心理服务的军人占39.2%（47人）。李洋等人对汶川地震后三个月内消防人员的创伤后应激障碍发生率及心理健康状况进行了分析，发现创伤后应激障碍的总发生率为35.3%。恐惧、创伤经历和救援失败等是主要影响因素。救援失败可能是消防员特有的影响因素，主要表现为眼睁睁地看着自己的努力没有任何作用，或者费了很大的力气将被困人员救出，但被困人员没能生还，这些救援失败的情景会使消防员产生一种无力感，灾难的场景也会像梦魇一样难以忘怀。台湾的相关研究显示，台湾地震发生5个月后，消防员的心理障碍患病率为16.7%，其中创伤相关心理障碍患病率为21.4%。韦伯（Mayris P. Webber）等人研究了"9·11"恐怖袭击发生后纽约消防部门的医务人员和消防员的呼吸系统疾病、精神健康状况和共病情况，发现在袭击发生7~9年后，近7%的医务人员和消防员报告可能患有创伤

后应激障碍，19.4%报告可能患有抑郁症；在可能患有创伤后应激障碍的患者中，有95%的抑郁症共病情况。在救援人员中，经医生确诊哮喘、支气管炎和慢性阻塞性肺病肺气肿的患病比例最高。

在克里姆利（Kistin E. Kimey）等人的综述中，过往的研究显示，西方世界警察的创伤后应激障碍发生率从7%～19%不等，略高于普通人群（大约7%～8%）。年龄和工作经验可能会对创伤后应激障碍症状的发展产生影响：年龄越大，出现症状越多。这也体现了经历的压力事件的数量与症状表现的关系。创伤后应激障碍症状与一般健康问题的增加、身体健康和相关的生活质量下降、疼痛加重、心血管问题、关节炎和胃肠道疾病等显著相关。也有研究发现，即使没有表现出创伤后应激障碍的症状，暴露于创伤事件数量的增加也会对个体的身体健康产生有害影响。研究显示，在"9·11"恐怖袭击发生后，美国警察的心理痛苦程度有所增加；在应对卡特里娜飓风的警察中，创伤后应激障碍和抑郁症的共病水平明显升高。事实上，被诊断患有创伤后应激障碍的警察很可能患有多种共病心理障碍，包括自杀、焦虑、抑郁、睡眠困难和药物滥用等。

## 三、灾后警察和军人出现心理问题的风险因素和保护因素

克里姆利等人的综述中列出了以下风险因素：（1）事件的严重性、暴露程度、个人损失以及警察在事件中的角色等，与创伤后应激障碍最密切相关的创伤压力事件是在执行职务时杀人、同伴死亡和人身攻击；（2）日常的、与工作有关的压力源可能会对警察处理更严重创伤事件的能力产生不利影响，从而增加他们患创伤后应激障碍的风险；（3）某些个人特征也可能增加患创伤后应激障碍的风险，如家族精神病史、情绪表达困难、焦虑和对威胁的过度敏感。此外，有限的应对策略和较低的心理韧性（hardness，即提供承受压力环境所需的勇气和动力的性格特征的组合）会增加警察患创伤后应激障碍的风险。

有一些能够减轻压力负面影响的保护因素，例如社会支持、心理弹性（遇到逆境迅速转变策略）、对生活的满意度、感激和创伤后的成长等，都可

以增强应对压力的能力。其中社会支持是最重要的保护因素之一。对警察来说，同伴和上级对情绪表达的积极态度、支持的可获得性和满意度，以及长期的社会支持，都是可能的保护因素。在个性特征方面，乐观、自尊、自信和坚强可能是增强心理恢复力和减缓创伤后应激障碍症状发展的重要因素。

波德（Catherine Potard）等人调查了法国警察的心理韧性与创伤后应激障碍的三个特定症状群（认知维度的再体验、行为维度的回避和生理维度的过度）之间的关系，发现心理韧性中的承诺和控制得分越高，创伤后应激障碍的症状表现越少。这可能是因为，具有这种倾向的警察认为关键事件在自己的控制之下，因此感觉压力较小。对生活主动采取控制行动的人会采取很多积极行动来保证自己在陌生场合同样有所准备，具有控制力，这也有可能帮助他们更好地适应逆境。惩罚具有较弱的保护作用，因为它给人目标感，鼓励人在压力情境之中和之后保持支持性社会关系。

李洋等人和张加明（Chia-Ming Chang）等人的研究都发现，地震后进行救援工作的消防员，如果有较多的工作经历，患创伤相关心理障碍的风险也较高。经常远离和逃避同样是风险因素，相对地，对创伤事件进行积极的重新评价是显著的保护因素。克里姆利等人总结，如果个体特征倾向于频繁的消极自我评估、敌意、低自我效能感和神经质，就有可能增加消防员出现创伤后应激障碍、抑郁和焦虑的风险，过往心理健康问题、曾经接触过创伤事件、缺乏社会支持、消极的社会互动（如事件后调查、批评等）和对情绪表达的恐惧等，也需要心理健康治疗者予以关注。相关的保护因素则包括培训和经验，广泛的社会支持，同伴凝聚力和部门的自我价值感，同事、主管和家人/朋友的私人物品（情感寄托物），身边人的社会支持，以及高水平的心理韧性和幽默感。

## 四、警察和军人的心理干预建议

克里姆利等人在综述中提到以下三种针对警察群体的心理健康干预机制。

第一，重大事件压力管理（critical incident stress management，简称CISM）。暴露在重大事件中，个人的正常应对机制可能不堪重负，这可能导致思维受限以及恐惧、焦虑和抑郁状态。CISM 的目标是，减轻创伤事件的心理影响，防止随后出现创伤后症状，为可能需要转介专业精神卫生服务的个人提供早期识别系统。为了达到这个目标，采取的策略包括：压力和应对技能的教育；压力反应的正常化和验证；促进事件的情绪处理；必要时提供转诊的便利。

第二，同伴支持计划（peer support）。针对警察的同伴支持计划产生于 20 世纪 80 年代，旨在为因职业及个人原因而陷入困境的警察提供社会及情感支援，协助他们克服工作中的心理困难，并使与职务有关的创伤经历正常化。

第三，员工援助计划（employee assistance programs，简称 EAPs）。这是基于工作的自愿项目，能够为员工提供包括评估、咨询和转诊在内的一系列心理服务，以解决广泛的心理健康问题。该计划也要求提供心理服务的专业人士必须了解警察工作的性质和与警察工作相关的困难，且能够提供恢复或保持警察最佳绩效水平的方法。针对消防员的预防和治疗方案，包括提供压力急救方面的培训，通过提供同侪支持，并在需要时将个人与适当的后续护理联系起来，帮助消防员在创伤事件后恢复最佳表现。又比如行为健康培训预防计划，该计划由一系列心理教育演示组成，涵盖各种主题（压力、抑郁、睡眠障碍、物质使用和自杀）。还有同伴支持和员工援助计划，重点是建立一个以同侪为基础的预防自杀小组。

杨国愉等人在 2015 年追踪研究了中国人民解放军赴利比里亚抗击埃博拉疫情时的心理健康特点和变化规律，发现军人在集结期的强迫、抑郁、焦虑因子得分及总均分显著高于国内集训期、海外任务早期、海外任务后期和医学观察期。这可能是因为，军人在集结期处于突然面对重大军事行动，接受不确定性任务和临时组建工作团队的应激初期，加之媒体对埃博拉疫情的过度报道，军人普遍存在对不确定事件的紧张、焦虑情绪及对高危险任务的恐惧情绪。但军人在集训后，心理健康水平显著提升，这说明在各阶段开展的心理测评、心理健康教育、心理咨询和心理训练等工作，促进了军人的心理健康。这个研究结果给抗击新冠肺炎疫情的人员的启发是，可以考虑在派遣医疗人员或其他前线人员奔赴疫区支援时，提前进行短期心理辅导或进行随行心理辅导，预防之后心理健康问题的出现。

杨国愉等人在 2017 年还发现，军人遇到心理问题的常见处理方式排在前四位的依次是娱乐消遣、亲人与朋友的支持、书报和电视、运动宣泄。而军人最喜欢的心理健康服务方式依次是心理训练、书报和影视、与专业人员交流和心理讲座。军队医生、护士对心理训练的需求显著高于行政后勤人员。比较有效的心理干预内容依次是情绪与压力管理、重大事件应激心理调适、心理健康分析、掌握心理状态的方法。军队护士和行政后勤人员对重大事件应激心理调适内容的需求显著高于军队医生，而行政后勤人员对心理学常识教育内容的需求显著高于军队护士。在已有的心理健康项目的基础上，军人希望开展的心理训练项目有情绪调控训练、心理承受能力训练、压力管理训练、应急能力训练等。

总之，心理训练是提高应对重大任务适应性的良好方式。有效的心理训练可以改善军人的认知，积极适应环境；学会人际沟通的技巧和方法，主动融入集体生活；学会积极的应对方式，合理应对生活事件；学会情绪调节的方法，缓解紧张和焦虑情绪。积极的应对方式、良好的认知态度能有效缓解身心症状，减轻压力，提高适应能力和心理健康水平。

## 第三节　社会工作者等相关职业群体的心理创伤特点及应对措施

在 2020 年这场全体中国人共同面对的新冠肺炎危机中，我们多次见证历史。从武汉封城，到全国 31 个省、自治区、直辖市启动重大突发公共卫生事件一级响应，再到 10 天之内建成火神山、雷神山两座专门医院，以及后续十几所方舱医院的迅速设立与病人收治工作的展开，无论是城市的封锁、政策的执行、病患的查找和援助、人员接触轨迹的调查，还是医疗和其他物资的转运与调配，都离不开无数公职人员、社会工作者、志愿者废寝忘食地坚守岗位、不顾牺牲的精神和行为。《人民日报》微博 3 月 9 日报道，截至 3 月 8 日，全国城乡社区工作者在疫情期间因公牺牲者已有 53 人。所以我们有理由相信，在疫情期间，社会工作者承受了严重的生理和心理压力，甚至是创伤性压力。疫情大面积暴发的一个多月以来，全民抗疫的工作已经不仅涉及医生、警察、公职人员，还包括参与医院建设的工程师和建筑工人、运送病毒样本的检验人员、制造防疫用品的车间工人、为医护人员送饭的餐饮从业者、接送医护人员上下班的出租车或私家车司机、坚守小区防疫岗位的居委会工作人员和物业人员、保障通勤和运输畅通的客运人员、深入一线采访报道的记者等，几乎所有人都是这场战役中不可或缺的重要力量。我们已经很难用一两种职业来概括，所以在文献调研中，我们统一用"社会工作者等相关职业群体"来概括。社会工作者是一个广泛的概念，不仅包括直接活跃在前线并与患者或医护人员频繁互动的救援志愿者、居委会成员、基层干部、记者，还包括虽远离前线，但承担重要工作的接线员、紧急调度员等。

并不是说只要接触过创伤性压力，就一定会产生心理障碍，但是只要有人有心理需要，就应该重视，这也是一个健全和温暖的社会应有的功能。在灾难中，所有人都全力以赴，尽最大可能减轻灾难的后果。在这场战役中，每个人都可以以自己的方式去努力，每个人都应该被铭记。面对疫情，没有人是孤军奋战，有人的地方就是战场，每个人都是英雄，每个人的心理健康都不应该被忽视。

## 一、疫情或其他重大突发灾难中社会工作者等相关职业群体面临的主要心理压力

重大突发灾难发生后，很多社会工作者可能遭受共享性创伤压力（shared traumatic stress，简称 SdTS）的影响。共享性创伤压力包含创伤后压力障碍和二次创伤两个部分，反映了社会工作者作为受害者面对集体性创伤事件时的双重暴露。

即使没有亲历创伤事件或未与创伤受害者有直接接触，频繁暴露在创伤事件的信息中也可能导致与创伤相关的痛苦。"9·11"事件后，皮尔斯（Heather Pierce）等人对随机选择的中西部地区的 171 名接线员进行了持续 7 个月的评估，发现接线员报告了高水平的创伤周期痛苦（peritraumatic distress），这种痛苦与创伤后应激障碍的症状有一定关联。接线员凭借询问技

能来评估事件的紧急性，确保及时通报紧急状况并提供适当的帮助，所有这些工作都需要在接听电话后的几分钟内完成。成功的关键是保持镇静和抑制情绪反应的能力，但接线员接到的电话经常会使人产生强烈的恐惧感和无助感，这说明暴露于与工作相关的、令人厌恶的细节中，足以诱发创伤后应激障碍的症状。

急救中心的紧急调度员（emergency dispatchers）同样常常暴露在职业和创伤压力源中，事实上，他们接触到创伤倾诉的频率可能更高，还经常需要通过电话或媒体曝光这些事件的细节。接听这类急救电话的调度员通常会报告与创伤后应激障碍相关的症状，如对事故的侵入式回忆和痛苦的记忆、麻木的反应、易怒、过度兴奋、注意力不集中和睡眠障碍等。

## 二、疫情和其他重大突发灾难可能给社会工作者等相关职业群体带来的心理健康问题

徐慰等人对298名南京红十字会救援人员进行了问卷调查，发现救援人员的创伤后应激障碍筛查阳性率为35.2%，创伤后成长的筛查阳性率为47.3%，并且年龄小于和等于20岁的救援人员的创伤后应激障碍症状显著重于年长的救援人员。上田一记（Ikki Ueda）等人调查了日本"3·11"大地震（即福岛地震）发生后受灾地区的社会福利工作者（这些工作人员参与了灾后恢复工作，他们本身又是受灾者）的心理健康程度，发现在地震发生20～22个月后，分别有4%、12%和7.9%的社会福利工作者可能出现类似创伤后应激障碍、抑郁的症状并存在心理困扰。

博斯卡里诺（Joseph A. Boscaomm）等人评估了"9·11"事件发生后参与恢复、咨询工作的社会工作者在灾后20个月左右的压力情况，发现4.8%的社会工作者存在同情倦怠，10.78%的社会工作者存在职业倦怠。科拉罗西（Lisa Colarossi）等人调查了"9·11"事件发生6个月后纽约社会工作者的压力和心理健康情况，发现大部分受访者报告存在躯体化（81%）、抑郁（85%）、焦虑（89%）或创伤后应激障碍（98%）的症状。在随后的6个月里，分别有36%、21%、84%的受访者报告了抑郁、躯体化、焦虑症状的增加，

而 14% 的受访者报告了 4 项及以上的创伤后应激障碍症状。莫特里夫（Yvon Motreff）等人发现，2015 年 11 月的巴黎地区恐怖袭击事件发生 8～12 个月后，在消防员、卫生专业人员、附属志愿者和警察中，创伤后应激障碍的患病率分别为 3.4%、4.4%、4.5% 和 9.5%。佩林（Megan A. Perrin）等人对参与"9·11"事件救援/恢复工作的 28692 名人员进行了长达 2～3 年的创伤后应激障碍患病率和危险因素调查，其中警察 3925 人，消防员 3232 人，医护人员 1741 人，建筑人员 4498 人，卫生人员 1798 人，志愿者组织的员工 5438 人，独立志愿者 3797 人，其他政府机构人员 4263 人。结果表明，在救援恢复人员中，创伤后应激障的总体患病率为 12.4%，警察为 6.2%，独立志愿者为 21.2%。除警察群体外，开始参与救援和恢复工作的早晚以及时间长短对是否患病有影响，之前是否有过灾难相关培训以及相关经历也有一定影响。

在克里姆利等人的综述中提到，紧急调度员暴露于潜在的创伤电话中会增加愤怒的爆发、噩梦闪回、酗酒和职业倦怠。同时，组织和管理上的困难加剧了调度员的消极情绪（如无力感、失败感和缺乏控制感）、睡眠困难、物质滥用、情感麻木或情绪极度亢奋，以及社会孤立。

## 三、灾后社会工作者等相关职业群体出现心理问题的风险因素和保护因素

托索内（Carol Tosone）等人调查了卡特里娜飓风后当地社会工作者共享性创伤压力的影响因素，发现创伤历史、飓风带来的情绪困扰和不安全的依恋类型（回避型和矛盾型）有可能让共享性创伤压力剧增。依恋类型是我们与身边亲近的人（例如父母、好友、恋人）之间一种持久的心理联系，早期的依恋方式是通过婴幼儿时期与主要照料者（例如父母）之间的互动建立起来的，并很可能一直维持到成年。依恋理论认为，假如在生命早期我们无法建立一种安全的依恋关系，这种不安全感和人际关系的矛盾感就可能影响之后的人际关系。托索内等人的研究发现，心理弹性能够在不安全型依恋、飓风带来的情绪困扰和共享性创伤压力之间起到部分中介作用，这表明不安全型依恋和情绪困扰对个体的心理创伤既有直接影响，又有间接影响——可能

通过降低个体的心理弹性而增加心理创伤。在日本福岛地震发生之后，导致受灾地区社会福利工作者患心理障碍风险增加的社会因素有在工作中缺乏交流、被当地居民批评；个人因素有濒死体验、亲人死亡或失踪、流离失所。

科拉罗西等人发现，"9·11"事件发生后，如果受访者经历过目击创伤事件，住在世贸中心16千米内，认识的人身故，认识其他参与心理恢复的工作者，那么他们会更加频繁地表现出焦虑、抑郁、躯体化和创伤后应激障碍症状。2015年11月的巴黎恐怖袭击事件发生后，该情况在急救人员中频发。

# 第十章　危机干预常用心理方法

在疫情蔓延之时，人类与死亡之间的面纱被疾病层层掀开，人们深感生命无常，疫后的心理干预方法多种多样，每种方法适用于不同的人群和症状，我们使用不同的方法就是手持不同的工具，保护自己与他人对人生和世界的掌控感，重建人生的意义。

## 第一节　存在主义疗法：寻找意义

当"不知道明天会发生什么"的念头闪现的时候，"该如何过好现在的人生""生活的意义何在"等问题也随之而来。居家隔离、缺少规律的生活很容易使人陷入消极状态，不可避免地会把一些人引入困境和绝望。在全面控制的统一行动和自我负责的生活自由之间，该如何寻找平衡点？这涉及终极关怀的问题，不妨用存在主义疗法来加深理解。

存在主义疗法认为，内心冲突是个体面对存在的既定事实时引发的冲突。也就是说，这些涉及终极关怀的问题，这些日常生活的真相原本就在那儿，只是由于我们沉溺于熟悉的、结构化的生活，未能掀开幕布，看到真相。

当人们毫无疑虑、麻木地生活时，焦虑可能会暂时隐退，但随波逐流与疏离、自我封闭、自杀等殊途同归，都是在逃避真实的生活，一旦我们面对生活的真相，清楚自己的选择和可能性时，焦虑就会再次活跃起来。所以，反过来看，焦虑既是自我觉察水平的刻度计，也是激发生存潜能的工具。

我们总是被一个又一个难题困扰着，生活似乎从不按照自己的意愿向前，使我们觉得自己无力改变环境。此时，无论是安抚还是对质，都难以获得持久、稳定的平静，最有益的或许就是面对现实。

当我们意识到死亡的必然性时，这份恐惧与焦虑难免与活下去的愿望产生冲突。"活在当下"意味着我们要意识到自己将不可避免地经历从生到死的一系列过程；不仅这一过程不可避免，其中的改变也无法回避。我们要坦然接纳并积极掌控自己逐渐衰老和变化的过程，将过去视为一种礼物，从而为未来创造新的愿景。

人类作为寻找意义的生物，却生存在本身毫无意义的宇宙中。对个体来说，只有找到值得为之付出努力、为之奋斗终身的事，只有感到自己的生活与信仰和谐一致，人生才有意义。有目的的行为让我们产生活力和满足感，无意义的行动则会令人厌倦和感到无聊，享受生活并不意味着放纵或自娱自乐，而是要充分享受生命历程中的所有人生体验。

人们总是追求生活上的安全、稳定和可靠，但生活往往难以满足我们的预期。事实上，到现在还没发展出一种仪器，可以让两个人完全感受到对方的所思所想。我们从出生那一刻起，就注定要面对这份孤独和与之相对应的自由。当我们想对自己的人生负责时，我们必须学会接受焦虑与不确定感等感受。争取安全感的过程往往难以实现，我们需要接纳和面对生活的挑战。

生活具有一定的局限性，也有一定的自由。我们只有在特定环境下才是自由的，环境为我们提供了一个框架，我们只能在框架中作出选择，发挥创造性。其间，我们遵循各种法则，包括自然法则、反映文化和人性的社会法则以及自我的内部法则，如信仰、价值观、伦理规范等。把握了这些法则导致的生活局限性，有助于活得更好。我们根据自己的内部法则来决定哪些事是重要的，哪些事是可以放弃的。

在令人困惑的生活面前，人们常常会有一些相通的情绪体验，这些相通的情绪体验对个体的特定意义更值得探寻，情绪之间的内在关系也尤为重要。情绪是显示人们在意什么的重要指标。生气可能意指人们所在意的受到了威胁，人们感到有权去做最后一搏；恐惧可能意指当面对威胁时，人们不相信自己能拯救所在意的；悲伤来源于丧失感，表示我们眼睁睁看着自己正在失去所珍视的；欲望表示我们渴求得到新的有价值的东西，但并不知道得到的可能性有多大；希望表示我们渴望获得有价值的东西，但离真正拥有还有一段距离；快乐是与得到所在意的相伴随的情绪……当我们没有任何情绪时，我们对任何事情就没有了欲望，以至于冷漠无情。每种情绪都有积极的形式和消极的形式，不同情绪可以循环往复。

一个人既然有面对死亡的勇气，就应该有活下去的勇气；如果对生活不抱任何幻想，也就不会对生活感到失望，还有什么会阻止他继续向前呢？身处逆境，我们可能深陷不幸，自怨自艾，也可能知耻而后勇，在逆境中奋进。

因此，咨询师需要正视来访者心灵深处消极的一面，同时把握住来访者最大的困惑或难以解决的问题，从中挖掘积极的信息，使来访者获得开启新生活的勇气。

要关注个体对生命和生活的看法，看到被忽略的潜在因素，在这点上，咨询师和来访者可以一起寻找答案。通过找到来访者难以解决的问题，进而确定来访者的价值观，准确识别、确认并详细描述来访者解决问题的能力。个体解决问题的能力往往决定了他会过上什么样的生活。因此，咨询师需要帮助来访者找到自己未被发现的天赋和才能，并加以利用，鼓励来访者探寻被伤害和打击的原因。要注意，重点不是来访者当前遇到的困难，而是来访者现在所过的生活。通过心理咨询，咨询师和来访者一起找到问题的真相，调查和质疑背后的价值判断。也就是说，当我们开始寻求更可靠的人生方向时，我们需要重新检视、复查、质疑或调整某些既定的观念，明确价值观，并把价值观与那些隐藏在日常行为背后的价值观进行比较和对照。

从某种意义上说，存在主义疗法就是不断探寻生命价值和意义的过程。在这个过程中，个体不但能了解自己看重什么，而且能不断地获得自我成长。因此，鼓励来访者认清什么是自己真正想要的是一件非常重要的事情。只有这样，才能认识自己，接纳自己，最终决定自己的选择。

## 第二节　叙事疗法：重新叙述

相信在新冠肺炎疫情期间，我们都曾遇到某个麻烦的问题，被某种情绪困扰,可能是对疫情继续蔓延的恐惧、焦虑,对传染途径和各种未知情况的焦虑,对"食野味之人"的愤怒,也可能是某件事情带来的悲观、失望、烦躁、愧疚等糟糕的情绪。当不良情绪侵袭我们的时候,我们自己能做些什么呢?后现代主义的叙事疗法提供了一种解决途径和方法。

## 一、叙述自己的故事——重新编排和诠释

有人称叙事疗法是一种不可思议的心理疗法,因为叙事疗法与以往的心理治疗方法最大的不同是,叙事疗法相信,来访者才是自己的专家,咨询师只是陪伴者。叙事疗法认为,来访者应该对自己充满自信,相信自己有能力解决自己的问题,并且更清楚解决困难的方法。不同于故事疗法,叙事疗法是来访者讲述自己的故事,对自己的故事进行改写和重建,进而找到存在于自身的疗愈力量,达到治愈的目的。

叙事疗法的创始人怀特(Michael White)认为,人生来就有"叙述"的天性,我们每个人都处在生活中,每个人都有自己的故事。在叙述故事的过程中,我们会自动维持故事的主要信息,符合故事的主题。然而,我们往往会遗漏或忽视一些片段。在叙事治疗中,治疗师会帮助来访者发展出"双重故事"——引导来访者说出自己不曾觉察的部分,进而帮助来访者自行找到问题的解决之道。在没有治疗师的时候,来访者可以通过记叙的方式将自己的故事书写出来,在重新写出自己故事的过程中,通过呈现并发现以前被忽略的生活细节,发现新的角度,产生新的态度,进而产生新的改变的力量。

## 二、问题外化——将问题与人分离开

叙事疗法认为,困扰我们的问题(事件、情绪)才是问题,人本身不是问题。生活中,人们总是将从外界获得的信息和规则建构到自己的认知结构中,当个体内化了不合理的信息和规则时,问题就会浮现。当个体根据内化了的不合理的信息和规则去理解周围的事物和人时,往往会消极地诠释积极的事件,这会对个体的自我成长产生负面影响。问题与问题的影响力是一种

互相依赖的关系，问题的影响力可以视为问题的生存条件。所以，叙事疗法要做的就是将人与问题分开。

对于此次疫情，疫情是问题，不好的情绪是问题，要把人同这些问题分开。如果问题被看成是和人一体的，我们就会发现改变是非常困难的。当把人和问题分开来看时，问题就变成一个外在的"东西"，而人的内在本质就会被重新看见与认可，进而使人有能力去解决自己的问题。

当我们叙述故事时，可以将这些困扰自己的情绪或想法想象成任何一个生物或形象，尝试问自己：它是什么？它是怎么来到我们身边的？它什么时候来的？它对我们产生了什么影响？如果它会说话，它会说些什么？我们有什么话要对它说？它会如何回应我们？当把问题与人分离开时，我们要很认真地思考：这个想法是从哪里来的？持有的观念或者内化进认知系统的信息就是真理吗？我们需要对内心的想法进行审慎的思考，不要轻易相信某个像紧箍咒一样的想法，这样才能站在问题的对面，有效地应对问题。

### 三、寻找"闪光点"——形成积极有力的自我观念

一般来说，人的经验有积极和消极之分。积极的经验大多是成功的经验，会形成正面、积极的自我认同（闪光点）；消极的经验大多是挫折的经验，会导致负面、消极的自我认同。一个人如果积累了比较多的积极的自我认同，就会较为自信，会主动分析和解决自己的问题。相反，如果一个人消极的自我认同远多于积极的自我认同，就会丧失支撑自己向上的力量，变得消极甚至沉沦。

每个人都有需要努力应对的事，有人成长于单亲家庭，有人遭受家庭暴力，有人接连遭遇丧亲之痛，有人从小自卑，有人在疫情第一线守护重病患者，有人在疫情暴发后仍然坚守岗位……成长和生活都不是容易的事，但我们能够走到今天，说明一定有一些资源在支撑着我们。这些资源本就蕴藏在我们自己的生活中，只要调用这些资源，我们就可能发现不一样的生命故事，之前的问题就会化解，我们每个人都能成为面对自己问题的专家。

在你的故事、你的生活中找到支撑自己的那些资源，找到"闪光点"，多

给自己一些时间去探索，让越来越多的光照亮你自己！

## 第三节　故事疗法：疗愈的力量

孩童时期，每个人都有过这样的经历：一间卧室，一盏台灯，光线昏暗得恰到好处，空气中弥漫着书本的墨香，爸爸或妈妈坐在床前，温柔而缓慢地诵读着那些家喻户晓的童话故事，一日又一日，伴随我们成长。那些故事中的人物，既有令人敬畏的超级英雄，也有平淡无奇的芸芸众生，我们叙说他们的传奇，感慨生活的无奈，将自己的生活与他们的经历作比较。每个人心中都有一个理想的自己，这个虚幻的人设随着不同经历在不断地改变。人们在故事中寻求一种共鸣或者一种解脱、救赎，甚至寻求逃避，毕竟现实中有那么多的不如意：家人的不理解，不近人情的上司，无法参透的未来……故事究竟给人们带来了什么？我们为什么更愿意通过故事而不是枯燥的大道理来了解世界？

### 一、故事的工作原理

从人类文明诞生到现代化社会，人的大脑逐渐进化出两个信息处理系统——系统一与系统二，或者叫作快速进程与慢速进程。系统一也被称作自动化系统，不管在人清醒时或者糊涂时，它都处于激活的状态，一直在工作，其主要特征就是联想力，目的是让人对外界的环境有充分的认识并作出相应的决策。系统二只关注系统一无法加工的，需要动用资源和精力来处理的复杂信息，如 $199 \times 299$ 等于多少。简单来讲，系统一不占用或只占用少量的资源，系统二则极度消耗脑力。随着不断的练习，复杂而困难的问题可以通过系统二归入自动化处理的系统一。这一切的最终目的是让人判断环境，并且根据这些判断作出行动上的改变。

人眼识别的绿色阴影要比其他所有颜色的阴影都多，这是因为在远古时期，人类生活在丛林中，随时都有被捕猎者杀死的危险。根据达尔文的进化论——物竞天择,适者生存,那些更优秀的幸存者有机会将他们的基因传递给下一代。就这样一代又一代,人眼在慢慢进化,"在阳光明媚的清晨,那绿茵中隐藏的重重危机最后变成了猎物",如果这时你因为这一毫无头绪的叙述而困惑,那么你的大脑已经由系统一转换到系统二。大脑经过高强度的工作负荷后,会根据已有的信息对其进行加工,用我们能够解读的方式说服自己,给自己讲述一个符合实际的故事。

## 二、故事的疗愈

对同样的故事,每个人给出的解读各有不同。仔细分析后不难发现,这当中既有一致的部分,也有分歧的部分,而这些差异没有对错,没有好坏,因为故事本身就是包容的、接纳的。因为出生时间不同,经历不同,人们在成长过程中会遇到不同的人和事,而这些人和事对人格的形成都会有一定的影响。我们的双眼只能看到我们愿意看到的,这难免让人觉得目光短浅、狭隘、顽固、偏执,但也正是因为每个人看到的都不同,我们才能在分享彼此感悟的过程中不断地成长、反思和升华。

"想象力"和"联想力"这两个词究竟有多少差别?或许它们本质并没有不同,但人们更多地将"想象力"当作一种积极能力,将联想力视为一种简单的现象。心理学中有个概念叫作"启动效应",简单来说就是,如果在一个人的大脑中植入一个概念,这个人在一段时间内就会被这个概念影响。比如在"9·11"事件中,那些目睹了双子塔被炸毁的人,每当看到"9·11"这个日期,就会联想到这一天发生的事。美国机能派心理学家詹姆斯(William James)最先提出意识流的概念,他认为人的意识是个人的、延续的、变化的以及流动的。在意识中,没有时间和空间的界限,任何一个外界刺激都可以将人的思绪带到过去或者未来的任何一个时刻。在故事中,任何描写和叙述都可能引发人的联想,或是快乐、幸福、欢笑,或是泪水、伤痛、绝望。窗外渗入的忍冬芳香可能会勾起你儿时与伙伴在公园玩耍的记忆,也可能勾勒出你未来生活的一个场景。

故事带来的启示、顿悟是极具冲击力和感染力的。当哲学家用晦涩的语言阐述一个个大道理时,文学家通过对环境的描写、对人物表情和行为的刻画,再加上对时间线的处理,就解读了一个个乏味难懂的哲学理论。

故事也可以给人带来温暖。《种出幸福来》是一本很有趣的绘本,讲的是一个小女孩想要种出幸福,要在自己家的院子里找一块地来种花。一开始她找了一个地方,那个地方有很多小鼹鼠。因为小鼹鼠可能会把花的种子吃掉,所以这个地方不合适。然后,她又找到一个地方,但是小女孩的哥哥和他的朋友常在这里打打闹闹,可能会把花压坏,所以那个地方也不适合。后来,她在家附近找到一块安全、松软的土地,种下了花的种子。之后的天气当然不会总是阳光明媚,有时阴云密布,有时暴风骤雨。这个时候责怪天气是无济于事的,但是我们可以尽量减少天气对花儿的影响。每当下雨的时候,小女孩就为花儿搭起架子,披上雨衣,这样花儿就不会被暴风雨伤害。有时,小鹿会来偷吃地里的西兰花,但没关系,不好的事情难免会发生,我们可以想办法来应对它。每当小鹿来时,小女孩就细心地看护这些花儿。小女孩的家人和朋友也在帮她不断地种出幸福。小女孩的妈妈在她不开心的时候,给她做好吃的三明治。小女孩玩吊环、荡秋千下不来的时候,朋友会帮她下来。小女孩遇到数学难题时,哥哥会帮她解题。在这样一种互帮互助的氛围中,小女孩种出了自己的幸福。

我们每个人都可以种出自己的幸福。

## 第四节 眼动脱敏与再加工疗法

眼动脱敏与再加工疗法(eye movement desensitization and reprocessing,简称EMDR)是夏皮罗(Francine Shapiro)于1987—1991年发展出来的一种心理治疗方法。夏皮罗认为,适应性信息加工模型(adaptive information processing model,简称AIPM)是眼动动脱敏与再加工疗法的核心所在。适应性信息加工模型认为,除了器质性的损害或缺陷外,引发心理障碍的是个体早期生活经济中没有得到正常加工和整合的创伤事件。正常情况下,人的适应性加工系统会对生活中的大部分事件进行加工和整合。但是当某一事件超出个体的承受范围时，信息处理过程就会阻滞，与该事件相关的情绪和躯体感觉被冻结在记忆中，形成非适应性记忆。这些以特定状态储存的创伤事件会被各种刺激诱发，以闪回、噩梦和侵入性想法的形式出现。

作为一个整合性的、以患者为中心的心理治疗方法，眼动脱敏与再加工疗法主要通过双侧感官刺激（视觉、听觉和触觉）使患者的创伤记忆和体验得到再加工，并得以整合，从而转换为正常记忆。目前，眼动脱敏与再加工疗法主要用于治疗创伤后应激障碍患者。它安全、易操作，可缓解患者的闪回和高警觉等创伤性体验，迅速降低患者的焦虑及抑郁水平，帮助患者重建认知结构，找回自信。

## 一、眼动脱敏与再加工疗法的常用术语

负性认知（negative cognitions）：也可以称为消极认知，但相对来说，负性认知更强调来访者对自我的认知或判断，比如"我是不可爱的""我是不优秀的"等属于负性认知，而"我讨厌运动""老板不喜欢我"等不属于负性认知。因此，在眼动脱敏与再加工疗法中，治疗师必须帮助来访者分析、探讨所谈内容，以获得或确定其负性认知。

正性认知（positive cognitions）：与负性认知相对的积极信念，比如与"我不值得被爱"的负性认知相对的正性认知是"我值得被爱"，与"我是不可爱的"的负性认知相对的正性认知是"我很可爱"。眼动脱敏与再加工疗法十分强调正性认知与负性认知的对应性。

主观不适度量表（subjective units of disturbance scale，简称 SUDS）：该量表可以测量创伤事件及其象征性图像和负性认知给来访者情绪造成的消极影响的程度，分为 0 ~ 10 个水平，"0"表示无任何不适，"10"表示最大程度的主观不适。在治疗过程中，主观不适度的值可由患者评定，也可通过主观不适度量表测定。

认知效度量表（validity of cognition scale，简称 VOCS）：该量表可以测量来访者信念转变的程度，即用来检验治疗过程中由原来的负性认知向来访者期待的正性认知转变的程度。认知效度分为 1 ~ 7 个等级，"1"表示完全

没有转变，"7"表示完全转变。可以说，眼动脱敏与再加工疗法的治疗效果表现为主观不适度的降低和认知效度的增高。把主观不适度降至"0"，把认知效度升至"7"，是治疗师和来访者共同期望的最佳治疗效果。

图像（picture）：恶劣的创伤事件的象征性场景。

躯体感觉（physical sensation）：创伤事件的影响在患者身体上的投射性反应。

眼动（eye movement）：在特定的心理状态下，治疗师引导来访者进行眼球运动的过程。

## 二、眼动脱敏与再加工疗法的治疗程序

这一疗法的治疗程序分为八个阶段，每个阶段有不同的工作内容。

（1）采集既往史，制订治疗计划：治疗师需要采集来访者的背景情绪困扰程度等以此确认信息，主要采集来访者既往的创伤经历、情绪困扰程度等，以此确认来访者是否适合接受眼动脱敏与再加工治疗，并向来访者介绍该疗法的信息。治疗师还要从来访者生活中的正性和负性事件中确认加工的靶目标，将个案概念化并制订治疗计划。

（2）准备阶段：治疗师要和来访者建立治疗同盟，向来访者介绍治疗目标、治疗过程。对来访者进行关于症状的心理教育，教给来访者促进稳定化和自我控制感的技巧，引导来访者对即将加工创伤目标做好准备。

（3）评估阶段：治疗师通过激活记忆的主要层面提取要加工的目标，得到来访者现在持有的图像、负性认知、期待的正性认知、情绪、躯体感觉，并使用认知效度量表和主观不适度量表进行量化评估，建立基线。治疗师还需与来访者确认与记忆有关的躯体感受。

（4）脱敏阶段：治疗师与来访者加工过去的创伤经历，将其转化为正性记忆，以迈向适应性解决（把主观不适度降至"0"）。治疗师需使用标准化的眼动脱敏与再加工程序，允许洞察、情绪、躯体感觉和其他记忆自发地出现；对所有通道完全进行加工，直到创伤记忆彻底被同化为正性记忆。

（5）植入阶段：治疗师要增加与正性认知网络的联结，将治疗效果推广

到相关的记忆。治疗的效果可由认知效度量表测得，认知效度升至"7"即可停止。

（6）躯体扫描阶段：这一阶段的目的是完全加工任何与目标有关的残留不适，治疗师请来访者从上到下扫描全身，留意并加工任何残留的躯体感觉。

（7）结束阶段：治疗师需要确保来访者处于情绪平衡状态，若发现有未完全加工的情绪，可以用引导想象或自我控制等方式弥补，帮助来访者在两次治疗期间保持自身的平衡状态与稳定性。此外，还需告知来访者，如果有与该事件有关的任何想法、躯体感受或记忆，都可以记录下来，在下次的治疗中进行讨论或用于评估加工目标。

（8）再评估阶段：评估整个疗程的治疗效果和治疗目标，确保随着治疗的进行，来访者能进行全面地加工。治疗师和来访者都要及时反馈，以便修订下一次的治疗目标。

### 三、眼动脱敏与再加工疗法的应用

2000年，国际创伤应激研究学会指定眼动脱敏与加工疗法为治疗创伤后应激障碍的有效方法。该疗法曾被成功运用于遭受飓风袭击、"9·11"恐怖袭击等灾难的人群的早期干预。结果显示，与没有使用眼动脱敏与再加工治疗相比，运用这一疗法治疗后，受灾人群的创伤后症状更少，焦虑、抑郁和创伤后症状减轻率达到50%～61%。研究者还将该疗法应用于未成年个体的创伤后应激障碍的治疗，也取得了良好的预后效果。

各种灾难和突发事件都可能给人带来心理创伤，对灾后心理治疗方法的需求日益增加，使得眼动脱敏与再加工疗法的优势完全凸显出来，正如美国精神病学会临床指南所言，在眼动脱敏与再加工治疗中，不需要用言语去描述创伤，只需要患者想到他们的创伤性经历。在第一次治疗后，来访者的痛苦程度就会快速降低。

## 第五节　正　念　法

近些天，新冠肺炎疫情得到了有效控制，复工、复产与复学将人们的生活慢慢拉回正轨。我们不会忘记，有无数的人一起经历、感受体验了这段特殊的时光。

运用心理咨询中的正念法，我们可以和过去这段时光告别，让自己重拾希望和信心，继续前行。所谓正念，拆开来看，即正＋念。"念"比较容易理解，指心头的念头、思考、想法、感受、情绪等心理活动的内容与变化；"正"则有多种理解，根据隶定字形解释，"正"属于会意字，其意从"一"，从"止"，原意指"征战止步于天下一统之时"，后引申为"基准、标准"等。《新华词典》对"正"字的解释有：（1）不偏斜，与"歪"相对，如正午、正中、正襟危坐；（2）合于法则的，如正当、正楷、正规、拨乱反正；（3）合于道理的，如正道、正确、正义；（4）恰好，如正好、正中下怀；（5）表示动作在进行中，如他正在开会；（6）在两者中相对而言，好的、强的或主要的那一方，与"反""副"相对，如正面、正本；（7）纯，不杂，如正宗、纯正；（8）改去偏差或错误，如正骨、正误；（9）图形的各个边的长度和各个角的大小都相等的，如正方形；（10）指失去电子的，与"负"相对，如正电；（11）大于零的，与"负"相对，如正数。

很多初学者倾向于认为正念中的"正"是纠正的意思，由此得出的正念是"纠正心中不正确的，有偏差的念头、想法和感受"。其实不然，在"正"的第一层含义中，"正"并不是与"负"相对的概念，而是"正在进行中"的意思。带着这个含义再来看"正念"二字，就可以解读为"正在产生的想法、念头和感受"。有人可能会有一些不解——如果正念是一种方法，那不是应该教会人怎么做吗？的确如此，"正"还有第二层含义，即"正视"，感受和体会我们此时此刻发生的想法、念头和感受。"正"还有第三层含义，这是更高层次的含义，即包含正和负的"正"。中国传统的太极图中，黑中有白，黑白是相对而言的，缺少任何一个，另一个的存在都是没有意义的。正和负也是同样的道理。当我们以正性和负性作为判断事物的标准时，一些事物会被认为是正性的，那么必然有一些事物会被贴上负性的标签。它的前提就是，我们已经接受了正性事物和负性事物可以同时存在的观点。结合"正"字的这三层含义，正念的含义是指：觉察和感受此时此刻正在产生的想法、念头和情绪，其中既包括正性的，也包括负性的，只要是当下真实产生的，就去感受它，让它自由地流动和变化。

在快节奏的现代社会中，我们常常会怀念过去或担忧未来，恰恰忽视了我们拥有的、能掌控的当下。进行正念练习就是帮助我们发现活在当下的力量，提高感受当下的能力，帮助我们活得清楚明白，自主与自在。

正念练习的方法有很多，佛教中的打坐、瑜伽中的冥想等，都属于正念练习。静坐正念练习有四个主要的方向：一是觉察身体的各种感觉，如感到腰有点酸，感到手指有点凉，感到心跳有点快；二是觉察心里的各种感受，如感到内心很平静，感到有点伤心和难过，感到有点焦虑；三是觉察心里的各种想法，如"我想让自己平静下来""我希望能够尽快适应工作节奏""我晚上要读一会儿书"；四是觉察周围的一切现象，如"我听到空调吹风的声音""我感受椅子硬邦邦的""我看到白色的墙壁"。在忙碌了一天后，我们可以用 10 分钟时间进行静坐正念练习，和自己的心灵对话。当你的感受、情绪和想法被看到时，它们便不会因为没有被关照到而跑到你的潜意识里不时地作祟。

除了静坐正念练习，我们在平时的工作、学习间隙也可以进行正念练习。认真吃饭就是比较容易做到的一种正念练习。我们可以回忆一下，上一次很投入、很享受地吃一顿饭是在什么时候？在工作日，我们为了节省时间，都是用最便捷的快餐填饱肚子，吃饭不再是一件享受的事，更像是工作中必不可少的一个环节，因为要完成工作，所以要吃饭维持体力。一种常见的状态是，我们在吃饭时也常常想着还没完成的工作或者下午会议需要的资料。你的生活中是不是也有这样的情况呢？你对这样的生活状态满意吗？如果你感到有些累，有些疲倦，可以尝试改变，用正念的方法度过这段时间，让吃饭成为平淡日子里令人享受的片刻时光。可以这样做：每天留出一个固定的用餐时间（如 30 分钟），在那个时间，一个人静静地享受眼前的美食，尽量清空大脑，让大脑保持空空无杂念的状态，慢慢地嚼碎每一口食物，品尝食物的味道，感受美食带来的最真实的快乐。

现在就开始制订 21 天正念练习计划吧，你的体会和感受将是最好的答案。如果感受到正念练习对生活的帮助，请将这份改变带给身边的人。

愿我们都能在这个浮躁的社会保留自己内心的平静，哪怕只有片刻时光。

## 第六节　电影疗法

在现代社会，交通越来越方便，通信越来越发达。科技的飞速发展使人们足不出户就可以尽览天下事，交通的便捷让人们在短时间内就可以到达世界各个地方，"地球村"的概念应运而生——地球本是一体，生活在地球上的人有着千丝万缕的联系。

许多科幻电影、灾难电影中都有这样的剧情：当地球面临危机和灾难时，地球上人类的命运息息相关，人类只有团结起来，守望相助，才能迎来最后的和平。系统论中有一个现象叫作"蝴蝶效应"：一只南美洲亚马孙河流域热带雨林中的蝴蝶偶尔扇动几下翅膀，就可以在两周以后引起美国得克萨斯州的一场龙卷风，原因是蝴蝶扇动翅膀的运动，导致蝴蝶身边的空气系统发生变化，产生微弱的气流，而微弱的气流又会引起四周空气或其他系统产生相应的变化，由此引起连锁反应，最终导致其他系统的极大变化。蝴蝶效应显示，一个不起眼的小动作能引起一连串的巨大反应。

一个国家或地区，或者某一些人的某一个行为，有时看上去似乎不影响其他人，但实际上能引发一连串变化，因为生活在地球上的每一个人都是息息相关的。就像这次疫情，最开始也许只发生在个体身上或者局部地区，但现在，新冠肺炎疫情已经成为一个全球公共卫生危机事件。

电影能给人们带来思考，在看别人的故事时反思自己的人生，从而获得疗愈的力量。比如在电影《后天》里，地球表面温度急剧下降，人们要到很远的地方安家落户。不同身份和角色的人带着不同的任务和目标相遇，开始出现一些矛盾，因为每个人肩负的责任、承担的义务和想要做的事是不一样的。但到最后，在地球大灾难和危机之下，为了同一个目标，所有人都放弃了自己的小我，融入一个大我，最终克服困难，渡过了危机。电影中有一群坚守信念的人，他们认为人类要克服困难，要让地球运转下去，要让家人和朋友有一个好的归宿，这群人是先行者，是手持火炬的人，他们激励了其他可能已经失去希望的人。

在电影《流浪地球》中，一些人放弃了努力，觉得如果地球再过几天或者几个小时就要和其他星球相撞，那么大家不如回家和家人团聚，然而在另一群认为只要没到最后一秒钟就要坚持下去的人的带领下，在他们坚定信念的影响下，众人齐心协力，守望相助，渡过了危机。和电影中地球人遭遇的危机一样，我们现在遭遇的疫情也是一次危机，是一场没有硝烟的战争。危机既是危险，也是机遇，我们内心需要有坚定的信念。

按照马斯洛的需要层次理论，人在满足了衣食住行等基本的生存需要后，就有了爱的需要。我们需要被人爱，也需要去爱别人。我们需要有一种安全感，需要寻找生命的意义。我们每个人都在追寻自己人生的意义。在灾难和创伤之下，我们不断地成长，顽强地生活，同时深入思考，我们为了什么活着，要怎样度过这一生。

在危机没有来临前，也有很多人在思考人生的意义，而当危机来临时，这个问题就变得更重要了。这样一个特殊时期能让我们停下脚步，思考人生，请好好利用这次机会。

## 第七节　普通人的自我疗愈

疫情发生后，华东师范大学心理与认知科学学院第一时间组织了针对公众的网上心理教授活动，提供心理热线服务，30 余位老师、80 余位研究生参与了这些活动……如果我们能帮大家在疫情期间稳定自己的情绪，我们就在承担自己的社会责任，为社会作力所能及的贡献。我们做了对别人有价值，我们自己也觉得有价值的事情，在某种程度上，就是在自我疗愈。

## 一、每个生命存在的意义

有一个故事叫《倾倒的树》。一棵树被暴风雨吹断了,它本来可以成长为一棵参天大树,可能会有很多的鸟儿在它的枝上筑巢。然而,由于暴风雨,它折断了,但它的枝丫还在顽强地生长着。唤醒它的生命力的一件事情是,一些飞不高的小鸟在它的枝丫上筑巢。小鸟叽叽喳喳,给这棵树带来很多的开心和快乐。这棵树感到自己有能力爱别人,也有这些小鸟在爱着它。

另一个故事叫《小树》。森林里有一棵小树,它和松鼠是很好的朋友。有一天,松鼠找小树玩,突然狂风大作,下起了暴雨,小松鼠吓得赶紧躲起来。可小树没有脚,动不了,它的枝叶被吹断了很多。等到第二天暴风雨结束,小松鼠再回来找小树,发现小树已经被吹得受伤了,好多树枝都被吹断了。小树很痛,小松鼠看到了以后特别心疼小树,它帮小树找了两个医生,一个是治疗先生,一个是想象太太。治疗先生小心地把小树断掉的那些树枝用绷带缠起来,让小树好好休息。同时,治疗先生请小松鼠陪伴在小树旁边,陪它讲话,给它讲故事。另一个医生是想象太太,想象太太带领小树做一些放松练习。想象太太跟小树说:"请你闭上眼睛,想象当暴风雨吹来的时候,你心里的云彩是什么样的?"小树说云彩的样子很怪,颜色也很吓人。想象太太又说:"现在请你再想一下,如果你的内心特别平静,你心里的云彩又是什么样的?"小树说,有一些云彩非常柔和,也非常漂亮,有一些云彩飘浮在天空中。在小松鼠的陪伴和治疗先生、想象太太的治疗下,小树慢慢恢复了健康。虽然有时它还会为曾经受伤的枝丫而难过,但它又可以开开心心地生活了。

《倾倒的树》的故事让我觉得,生命的意义就是做一个有能力爱别人,也被别人爱着的人。《小树》则讲述了一个从创伤中恢复的故事。当我们遭遇挫折或打击的时候,阅读一个故事,思考一下人生的意义,会给我们带来一些启发。

## 二、为他人做事

心理学家阿德勒把很多时间和精力放在服务大众上。有一天,一位患了抑郁症的人来找阿德勒，阿德勒对他说，"如果你想要赶快好起来，你就每天为别人做一件事。"这就是"14天治疗抑郁症法"。每天为别人做一件事，我们自己的心情也会好起来。当我们为别人做事的时候，我们帮助了别人，同时也体会到自己存在的价值。

我们可以为别人做什么事情？也许是为孩子读一本书，也许是陪父母聊聊天。这也是疫情背后蕴含的另一种人生意义。

# 参 考 文 献

**期刊论文：**

[1] 俞国良，谢天. 社会转型：社会心理服务与社会心态培育 [J]. 河北学刊，2018（2）：175-181.

[2] 刘敏岚，邓荟. 社区心理服务：一种社会精细化治理的路径 [J]. 天津行政学院学报，2018（1）：61-66.

[3] 辛自强. "心理建设"或可上升为国家战略 [J]. 民主与科学，2017（6）：34-35.

[4] 辛自强. 社会治理中的心理学问题 [J]. 心理科学进展，2018（1）：1-13.

[5] 辛自强. 心理建设：社区治理新方向 [J]. 人民论坛，2016（27）：68-69.

[6] 王俊秀. 社会情绪的结构和动力机制：社会心态的视角 [J]. 云南师范大学学报（哲学社会科学版），2013（5）：55-63.

[7] 高文珺，杨宜音，赵志裕，等. 几种重要需求的满足状况：基于网络调查数据的社会心态分析 [J]. 民主与科学，2013（4）：73-76.

[8] 王俊秀. 社会心态的结构和指标体系 [J]. 社会科学战线，2013（2）：167-173.

[9] 吴莹，杨宜音. 社会心态形成过程中社会与个人的"互构性"——社会心理学中"共识"理论对社会心态研究的启示 [J]. 社会科学战线，2013（2）：159-166.

[10] 应小萍. 灾难情境下的社会心态研究——"生物—心理—社会"研究思路与方法 [J]. 哈尔滨工业大学学报（社会科学版），2012（6）：8-14.

[11] 王小章. 结构、价值和社会心态 [J]. 浙江学刊，2012（6）：5-9.

[12] 马广海. 从群体性事件看转型期社会心态 [J]. 中国海洋大学学报（社会科学版），2012（6）：71-79.

[13] 杨洁. 甘肃居民的社会心态：基于2010CSSC的实证分析 [J]. 山西师大学报（社会科学版），2012（S2）：7-9.

[14] 王小章. 关注"中国体验"是中国社会科学的使命 [J]. 学习与探索，2012（3）：35-37.

[15] 周晓虹. "中国经验"与"中国体验" [J]. 学习与探索，2012（3）：31-33.

[16] 吕小康. 国家治理视角下的社会心态治理 [J]. 南京师大学报（社会科学版），2021（4）：62-70.

[17] 任剑涛. 奢侈的话语："治理"的中国适用性问题 [J]. 行政论坛，2021(2)：5-18，2.

[18] 杨修业. 涂尔干思想中的情感力面相——论《自杀论》中现代社会的心态危机 [J]. 社会学评论，2021（2）：241-256.

[19] 李振，孙宇飞. 为何需要助推型政策：理解居民健康意识和行为的不同步 [J]. 公共管理与政策评论，2021（1）：31-41.

[20] 张书维，谭小慧，梁歆佚，朱亚鹏. "助推"生育政策：信息框架影响生育意愿的调查实验研究 [J]. 公共管理与政策评论，2021（1）：42-54.

[21] 叶开儒. 欧洲环保政治的兴起与限度 [J]. 文化纵横，2020（6）：106-114.

[22] 刘立明. "感受到公平正义"的法治意蕴 [J]. 江苏社会科学，2020（5）：141-150.

[23] 孙元明. 灾难中社会恐慌的生成、演绎、变化及其危害性——重大疫情防控期社会情绪应急管理及后疫情时代的社会情绪治理 [J]. 前沿，2020（4）：103-111.

[24] 吕小康，汪新建. 建设"力""美"兼具的中国特色社会心理学 [J]. 心理技术与应用，2020（4）：193-199.

[25] 汪新建，姜鹤. 医患社会心态的情感治理 [J]. 西北师大学报（社会科学版），2020（1）：92-98.

[26] 颜昌武，杨华杰. 以"迹"为"绩"：痕迹管理如何演化为痕迹主义 [J]. 探索与争鸣，2019（11）：111-121，159.

[27] 李利文. 软性公共行政任务的硬性操作——基层治理中痕迹主义兴起的一个解释框架[J]. 中国行政管理, 2019（11）: 38-45.

[28] 成伯清. 学术的悬浮化及其克服[J]. 探索与争鸣, 2019（4）: 11-13.

[29] 龙静云. 绿色政治：政治伦理学的新视域[J]. 伦理学研究, 2018（5）: 109-111.

[30] 何贵兵, 李纾, 梁竹苑. 以小拨大：行为决策助推社会发展[J]. 心理学报, 2018（8）: 803-813.

[31] 王俊秀. 中国社会心态研究30年：回顾与展望[J]. 郑州大学学报（哲学社会科学版）, 2017（4）: 10-16, 158.

[32] 成伯清. 心态秩序危机与结构正义：一种社会学的探索[J]. 福建论坛（人文社会科学版）, 2016（11）: 130-138.

[33] 胡小勇, 郭永玉, 李静, 杨沈龙. 社会公平感对不同阶层目标达成的影响及其过程[J]. 心理学报, 2016（3）: 271-289.

[34] 刘淑华. 大数据时代网络抗争治理——基于江苏启东事件的个案研究[J]. 中国行政管理, 2015（7）: 121-125.

[35] 陈涛. 中国的环境抗争：一项文献研究[J]. 河海大学学报（哲学社会科学版）, 2014（1）: 33-43, 90.

[36] 王晶, 王大江, 王熠铭. 社会心理服务在社会应急管理中的作用[J]. 办公自动化, 2021, 26（4）: 59-60.

[37] 王晶, 杨倩茜. 社会心理服务视域下流动儿童教育治理路径研究[J]. 教育观察, 2019, 8（11）: 21-22.

[38] 王晶. 浅析社会心理服务体系建设中面临的问题及解决策略[J]. 决策探索（下）, 2019（1）: 88-89.

[39] 王晶, 郑国萍, 孙晓涛. 反思与构建：职业教育制度建设的现代化审视[J]. 现代教育管理, 2018（6）: 92-95.

**图书著作：**

[1] 习近平. 决胜全面建成小康社会夺取新时代中国特色社会主义伟大胜利

[M]. 北京：人民出版社，2017.

[2] 中共中央关于制定国民经济和社会发展第十三个五年规划的建议 [M]. 北京：人民出版社，2015.

[3] 中共中央关于全面深化改革若干重大问题的决定 [M]. 北京：人民出版社，2013.

[4] 辛自强. 社会治理心理学与社会心理服务 [M]. 北京：北京师范大学出版社，2019.

[5] 克里斯蒂娜·A 罗伯托. 行为经济学与公众健康 [M]. 王健，译. 北京：清华大学出版社，2019.

[6] 托马斯·库恩. 科学革命的结构 [M]. 金吾伦，胡新和，译. 北京：北京大学出版社，2012.

[7] 黄仁宇. 万历十五年 [M]. 北京：中华书局，2007.

[8] 威廉·乌斯怀特，拉里·雷. 大转型的社会理论 [M]. 吕鹏，等译. 北京：北京大学出版社，2012.

[9] 王俊秀. 中国社会心态研究报告 [M]. 北京：社会科学文献出版社，2012.

[10] 贺美德，鲁纳."自我"中国 [M]. 许烨芳，等译. 上海：上海译文出版社，2011.

[11] 孙隆基. 中国文化的深层结构 [M]. 桂林：广西师范大学出版社，2011.

[12] 约翰·特纳. 自我归类论 [M]. 高明华，译. 北京：中国人民大学出版社，2010.

[13] 威廉·杜瓦斯. 社会心理学的解释水平 [M]. 赵蜜，刘保中，译. 北京：中国人民大学出版社，2010.

[14] 塞尔日·莫斯科维奇. 社会表征 [M]. 管健，等译. 北京：中国人民大学出版社，2010.

[15] 克尔·A 豪格，多米尼克·阿布拉姆斯. 社会认同过程 [M]. 高明华，译. 北京：中国人民大学出版社，2010.

[16] 乔纳森·H 特纳. 人类情感 [M]. 孙俊才，文军，译. 北京：东方出版社，2009.

[17] 王俊秀. 中国社会心态研究报告 [M]. 北京：社会科学文献出版社，2014.